EDITORIAL

Liebe Leserinnen, liebe Leser!

Florida ist für viele das Paradies schlechthin – und wenn man diesen DuMont Bildatlas durchblättert, weiß man auch warum. Der Fotograf Jörg Modrow, ein bekennender Florida-Fan, hat viele stimmungsvolle Bilder eingefangen, die das besondere »feeling« und die tropische Version des »american way of life« wiedergeben. Keine Frage, ein Urlaub im Sunshine State ist ein Traum!

Sonne, Sand und Spaß

Florida ist rund halb so groß wie Deutschland, hat aber eine Küstenlänge von 3000 km, von der wiederum 1300 km auf Strände entfallen. Kein Punkt im Landesinneren ist mehr als 100 km vom Meer entfernt, es ist also nicht weit zum nächsten Endlos- vielleicht sogar Palmenstrand. Hier kann man herrliche Spaziergänge unternehmen, spielt zwischendurch eine Runde Frisbee oder Volleyball, um schließlich bei einem Cocktail pastellfarbene Sonnenuntergänge zu genießen. So lässt es sich leben. Wem all das dann doch zu langweilig wird, der begebe sich nach Orlando, in die Welthauptstadt des Vergnügens. Hier befinden sich acht der 20 Top-Themenparks von Nordamerika. Dazu kommen sensationelle Wasserparks und einige kleinere Vergnügungsareale. Die besten Alternativen zu den Mega-Parks stellen wir Ihnen auf S. 74f vor.

Das andere Florida

Doch Florida hat mehr zu bieten als gigantische Strände und sensationelle Themenparks. Dieses andere Florida finden Sie vor allem im Norden und Nordwesten des Bundesstaates, aber auch in den Everglades. Für mich gehörte eine Paddeltour durch diese Sumpfwildnis, wie Ole Helmhausen sie auf S. 63 beschreibt, zu den Highlights meines Florida-Urlaubs. Doch das UNESCO-Welterbe ist bedroht, schon heute ist weit über die Hälfte der einmaligen Naturlandschaft zu Farmland geworden, mehr dazu im DuMont Thema ab S. 56.
Herzlich

Birgit Borowski
Programmleiterin DuMont Bildatlas

»Kein Punkt im Landesinneren ist mehr als 100 km vom Meer entfernt, es ist also nicht weit zum nächsten Endlos-, vielleicht sogar Palmenstrand.«

*Der Fotograf **Jörg Modrow** startet von Hamburg aus zu Zielen in der ganzen Welt. In den wichtigsten deutschen Magazinen werden regelmäßig Bilder von ihm veröffentlicht. Vertreten wird er durch die bekannte Agentur laif.*

*Der Autor **Ole Helmhausen** lebt in Montréal, ist aber auch in den USA regelmäßig unterwegs. Für den DuMont Bildatlas hat er auch den Band Kanada Osten verfasst.*

32 In jedem Fall dekorativ, dieses Art déco in Miamis stylischem Historic District. Am Ocean Boulevard sind die Nächte heiß und neonblau.

74 Meerjungfrauen küssen besser? Wer weiß. Zu bestaunen gibt es sie in einem der charmanten alternativen Themenparks.

56 Mit dem Propellerboot kommt man ganz leicht durch die – leider bedrohte Welt der – Everglades.

Impressionen

8 Miami, Strandleben und Natur pur, Fort Lauderdale, die Everglades und Key West – im Sunshine State gibt es jede Menge zu entdecken.

Miami & Key West

24 **Das Beste zweier Welten**
In der Südostecke des Landes treffen die prüden USA auf tolerantes Miteinander und lateinamerikanisches Vida loca.

DUMONT THEMA
38 **Gefährdetes Insel-Idyll**
Ozeanriesen vor Key West? Umweltschützer sorgen sich um den einzigartigen Charakter der Hemingway-Insel.

40 **Cityplan, Straßenkarte**
41 **Infos & Empfehlungen**

An der Golfküste

44 **Betörende Farben**
Im Südwesten Floridas führen alle Wege dorthin, wo man die Farben am besten sieht: die des makellosen Sandes, des Meeres und des Abendhimmels. Aber auch landeinwärts locken vielfältigste Sinnesreize.

DUMONT THEMA
56 **Ein UNESCO-Welterbe kämpft ums Überleben**
Die Zukunft der Everglades als geschütztes Refugium einer vielfach bedrohten Tierwelt ist ungewiss.

60 **Straßenkarte**
61 **Infos & Empfehlungen**

Orlando & Cape Canaveral

64 **Solange die Füße tragen**
Amerikas Leidenschaft für Vergnügungsparks ist ungebrochen. Allein die Parks in Orlando, der Spaßhauptstadt der Welt, machen Rekordumsätze.

76 **Cityplan, Straßenkarte**
77 **Infos & Empfehlungen**

UNSERE FAVORITEN

BEST OF ...

22 **Die schönsten Strände**
Wie hätten Sie's denn gerne: natürliche Strandschönheiten oder pralles Beach Life?

74 **Alternative Vergnügungsparks**
In die großen Mega-Parks wollen alle. Aber Floridas Fun-Factory hat noch mehr zu bieten.

114 **Die interessantesten Museen**
Wer in Florida nicht zum Baden, sondern ins Museum will, braucht ein paar sehr gute Gründe dafür. Wir kennen die besten.

INHALT
4 – 5

98 Im Norden und Nordwesten Floridas packt man gern Angelausrüstung, Klappstühle und Kühlbox auf die Ladefläche eines Trucks, wandert durch Wälder und Salzwassermarschen zu einer unbebauten Küste und überlässt die Vergnügungen des Südens den Touristen.

Anhang

116 Service – Daten und Fakten
121 Register, Impressum
122 Lieferbare Ausgaben

Palm Beach & Gold Coast

80 **Vom noblen Leben unter Palmen**
Palm Beach und Fort Lauderdale – an der Atlantikküste im Südosten Floridas lebt man (fast) immer am Strand.

DUMONT THEMA
90 **Im Club der Dollarmilliardäre**
Man gönnt sich doch sonst nichts: Zu Besuch bei den Reichen – und Reichsten – von Palm Beach, die sich hinter Zugbrücken und Hecken verstecken.

94 Straßenkarte
95 Infos & Empfehlungen

Norden & Nordwesten

98 **Das andere Florida**
Im Norden und Nordwesten verläuft das Leben gemächlicher als anderswo im Sunshine State. Und für diejenigen, die hier zu Hause sind, ist das „andere" Florida das wirkliche Florida.

DUMONT THEMA
108 **Vom Erdboden verschluckt**
Vulkanausbrüche und Erdrutsche braucht in Florida niemand zu befürchten. Aber *sinkholes* (Erdsenkungen).

110 Straßenkarte
111 Infos & Empfehlungen

DuMont Aktiv

Genießen Erleben Erfahren

43 **Radeln durch Miami Beach und Key West**
Immer mehr US-Amerikaner schwingen sich in den Sattel. In den Fahrradsattel, wohlgemerkt. Ein CitiBike bringt auch Sie Amerikas Riviera noch ein wenig näher.

63 **Alligatoren bei Nacht**
Mit dem Kajak durch die Everglades ist immer ein Erlebnis. Aber nachts mit kundigen Guides wird es zum unvergesslichen Abenteuer.

79 **Schwimmen mit Delfinen**
Wer hat noch nicht die berühmten Flipper-Filme gesehen und sich gewünscht, selbst zu diesen wunderbaren Geschöpfen ins Wasser zu gehen?

97 **Palm Beach by bike**
Man muss kein Milliardär sein, um sich in Palm Beach wohlzufühlen. Man braucht auch keinen Maserati. Ein Fahrrad tut es auch.

113 **Schwimmen durch flüssiges Licht**
Im Norden von Florida gibt es die meisten Süßwasserquellen. Schwimmern und Tauchern bieten sie paradiesische Bedingungen.

Topziele

Die bedeutendsten Sehenswürdigkeiten Floridas, die Sie keinesfalls versäumen dürfen, haben wir auf dieser Seite für Sie zusammengestellt. Auf den Infoseiten ist das jeweilige Highlight als **TOPZIEL** *gekennzeichnet.*

KULTUR

1 The Dalí in St. Petersburg: Der dem spanischen Surrealisten geweihte Schrein empfängt mit Musik von Led Zeppelin. **Seite 61**

2 Ringling in Sarasota: (Zirkus-)Kunst und Architektur sind Ringling's Erbe an der Sarasota Bay. **Seite 62**

3 St. Augustine Pirate and Treasure Museum: Neben Angeboten für ein jugendliches Publikum geht es hier auch um den Alltag an Bord der Piratenschiffe. **Seite 111**

AKTIV

6 Bahia Honda State Park: Schwerelos zwischen tropischen Fischen: Ein märchenhaftes (Schnorchel-)Vergnügen an vielen Stränden der Keys. **Seite 42**

7 J. N. „Ding" Darling National Wildlife Refuge: Ein Manatee mampft Seegras, Kraniche flattern davon – das Kajak als Schlüssel zu einer verborgenen Welt ... **Seite 62**

8 Everglades National Park: Eine geführte Paddeltour bringt das UNESCO-Welterbe ganz nah. **Seite 63**

NATUR

4 Myakka River State Park: Moosbehangene Eichen, wimmelndes Leben im Feuchtgebiet, Alligatoren im Zypressensumpf: So war Florida früher einmal ... **Seite 62**

5 Crystal River National Wildlife Refuge: Natur pur und sogar Tauchtouren zu den Manatees bietet das Schutzgebiet. **Seite 111**

ERLEBEN

9 Miamis Art Deco Historic District: Die pastellfarbenen Häuser mit den Bullaugen und runden Ecken sind das Markenzeichen von South Beach. **Seite 41**

10 Key West: Nirgendwo sonst wird der Sonnenuntergang ausgelassener gefeiert als auf dem Mallory Square von Key West. **Seite 43**

11 Walt Disney World: Unterhaltung für die ganze Familie – im Zeichen der Maus. **Seite 77**

Frisch herausgeputzt

Nicht nur nachts, wenn am Ocean Drive die Lichter angehen, als wollten sie ein neonfarbenes Wunder in Szene setzen – auch tagsüber erstrahlt Miami im neuen Glanz. Viele der überwiegend aus den 1930er- und 1940er-Jahren stammenden Häuser im Art Deco Historic District wurden frisch herausgeputzt und werden heute – wie das Room Mate Waldorf Towers – als Hotel genutzt.

Abenteuer Natur

Blubb, blubb, weg war er: So eine Kajaktour im J. N. „Ding" Darling National Wildlife Refuge auf Sanibel Island bringt manche Überraschung mit sich. Aber selbst wenn Daddy mal baden geht: Auf seinen Schultern gleitet man sicher durch das Refugium.

Strandleben

Nein, Strandnixen à la Pamela Anderson sind hier gerade nicht in Sicht, so sehr der Mann unter dem Sonnenschirm auch Ausschau hält. Das gibt uns die Gelegenheit zu einem kleinen Rückblick: Als erster spanischer Konquistador setzte ein gewisser Ponce de León seinen Fuß auf nordamerikanischen Boden, und zwar am Ostermontag (span. „Pasqua de Flores") des Jahres 1513. Das erklärt auch den Namen der von ihm im Auftrag der spanischen Krone gegründeten Kolonie „La Florida".

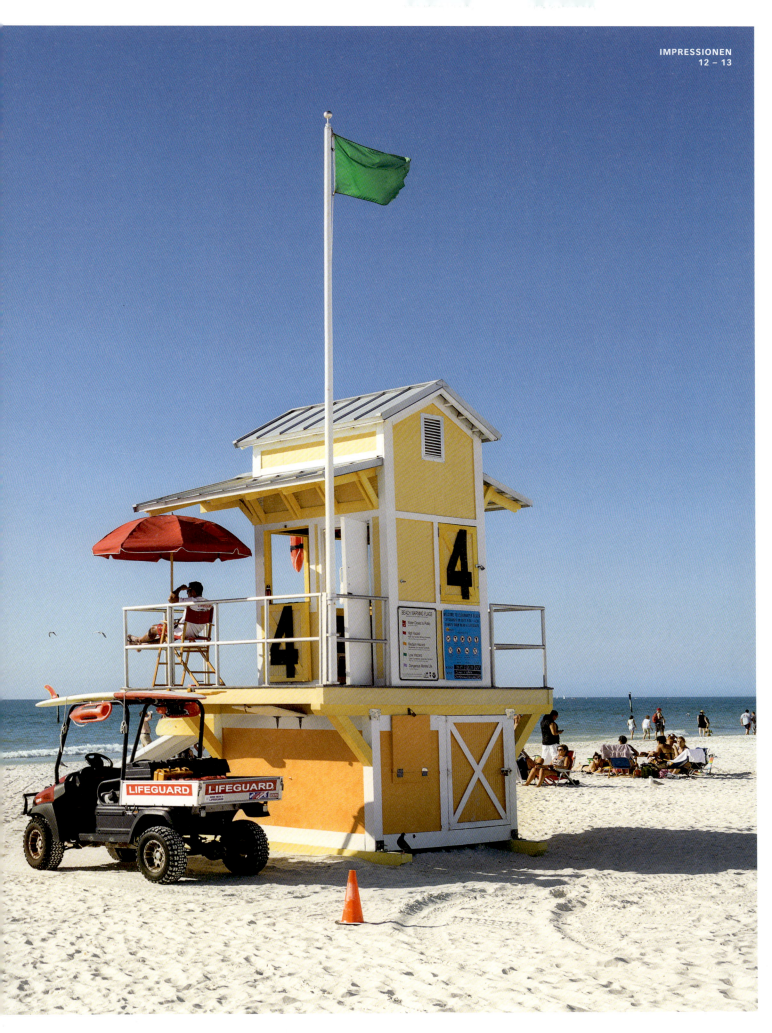

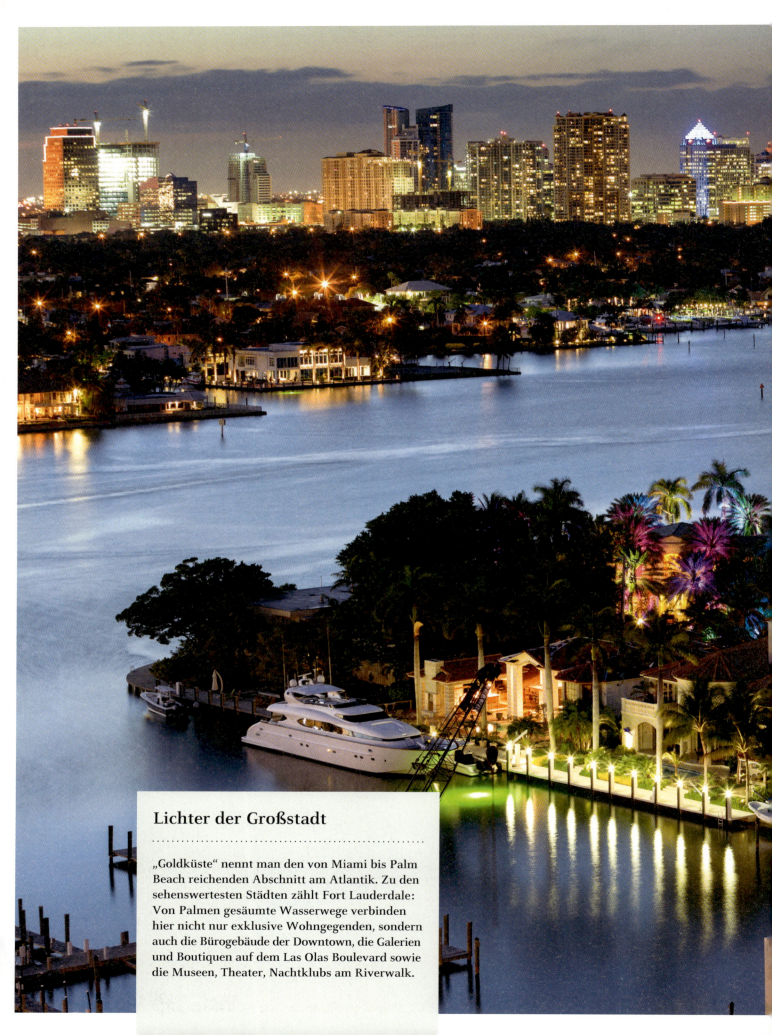

Lichter der Großstadt

„Goldküste" nennt man den von Miami bis Palm Beach reichenden Abschnitt am Atlantik. Zu den sehenswertesten Städten zählt Fort Lauderdale: Von Palmen gesäumte Wasserwege verbinden hier nicht nur exklusive Wohngegenden, sondern auch die Bürogebäude der Downtown, die Galerien und Boutiquen auf dem Las Olas Boulevard sowie die Museen, Theater, Nachtklubs am Riverwalk.

IMPRESSIONEN
14 – 15

Animal Wildlife

Wo einst Gefangene, Einwanderer und Tagelöhner im Feuerschutz von Alligatorenjägern den von Miami nach Naples führenden Tamiami Trail durch die Sümpfe trieben, fährt man heute in drei, vier Stunden den Nordrand des Everglades National Parks ab und hat dabei auch noch reichlich Zeit, Schönheiten der Natur zu betrachten.

Das Beste im Westen

Abbild und Wirklichkeit in einem Bild vereint: James Chapman, der Mann mit dem Seehundschnauzer, kannte Hemingway noch persönlich und schlich sich gern mit anderen heimlich in dessen Swimmingpool. Auf die Frage, wie er Key West definiere, antwortet er: „It's the best in the best in the west you understand?"

Ganz entspannt im Hier und Jetzt

„Das ist der beste Fleck, der mir je irgendwo untergekommen ist", meinte Ernest Hemingway über Key West. Er liebte das Meer genauso wie das von hier nur einen Katzensprung entfernte Kuba, wo er seine berühmte Novelle „Der alte Mann und das Meer" schrieb.

UNSERE FAVORITEN

Die schönsten Strände

Sommer, Sonne, (Sand-)Strand

Wie hätten Sie's denn gerne: natürliche Strandschönheiten oder pralles Beach Life? Florida bietet beides – und für jeden etwas. Unsere Auswahl präsentiert Ihnen einige Strände, an denen Sie selbst während der Hochsaison noch Ruhe finden, und andere, an denen es stets quicklebendig zugeht. Eines aber haben alle diese Strände gemeinsam: Sie sind auf Anhieb sympathisch!

1 Siesta Beach (Sarasota)

Es ist wahr: Dieser Strand ist traumhaft. Kaum angekommen, streift man reflexartig die Schuhe ab und vergräbt die Zehen erst einmal im angeblich feinsten und weißesten Sand der Welt. Der besteht zu 99 Prozent aus purem Quarz und fühlt sich puderweich sowie selbst bei großer Hitze angenehm kühl an. Der Weltmeistertitel – ja, der Siesta Beach ist hochdekoriert – ist also nicht unverdient. Der Strand ist mehrere Hundert Meter breit, das Wasser blau, klar und rein, und man kann weit hinaus ins Meer spazieren. Mit ein bisschen Glück lassen sich sogar Delfine beobachten.

948 Beach Rd., Siesta Key (Sarasota), ganzj. geöffnet, parken von 6.00–24.00 Uhr

2 Grayton Beach State Park

Lichte Wäldchen, dunkel schimmernde Brackwasserseen und schöne Dünenketten: So wie hier hat einmal die ganze Küste des Florida Panhandle ausgesehen. Man verlässt den Hwy. 98, fährt durch das kleine Schutzgebiet, parkt gleich vor dem Strand und lächelt unwillkürlich: Breit, pudrig und fast weiß liegt er da, der Grayton Beach, fast zwei Kilometer lang und vom blaugrünen Wasser des Golfs von Mexiko umschmeichelt. Die Sonnenuntergänge hier sind übrigens spektakulär, und die Restaurants in Grayton Beach (Stadt) und Seaside nicht weit!

357 Main Park Rd., Santa Rosa Beach, tgl. 8.00 Uhr bis Sonnenuntergang, Gebühr: 5 $ per Auto, https://www.floridastateparks.org/graytonbeach

3 Lummus Park Beach, South Beach (Miami)

Sähe man ihn durch die Brille des unbestechlichen Dr. Beach, der einen Strand nach über 50 Kriterien beurteilt, käme der Lummus Park Beach sicher nicht weit. Dafür ist er der coolste Sandstreifen im Sunshine State. Surfen und Volleyball spielen, Fitnessgeräte und Klettervorrichtungen, Baywatch Girls und Boys, und zwischen den Palmen der pastellfarbene Art Deco Historic District: Kein Wunder, dass dieser Strand immer wieder als Filmkulisse dient. Baden und lange Strandspaziergänge unternehmen kann man natürlich auch.

Ocean Drive, 5th–15th St.

4 St. George Island State Park

Kein anderer Strand in Florida hat eine schönere Anreise: Zunächst überquert man das Tiefblau der Apalachicola Bay auf der über sechs Kilometer langen St. George Island Bridge und biegt dann beim Leuchtturm nach links zum State Park ab. Der Osten der 45 Kilometer langen, nur ein bis zwei Kilometer breiten Barriereinsel ist Schutzgebiet – und der 14 Kilometer lange, weiße, von Dünen gesäumte Strand so einsam, dass sich bei manchen schon das Robinsongefühl eingestellt hat.

1900 E. Gulf Beach Dr., St. George Island, Tel. 85 09 27-21 11, tgl., Gebühr: 6 $ per Auto, www.floridastateparks.org/park/St-George-Island

6 Clearwater Beach

Vier Kilometer Seligkeit: Der Clearwater Beach liegt auf der Pinellas-Halbinsel zwischen Tampa Bay und dem Golf von Mexiko. Zu ihm gehören einige der schönsten Strandhotels des Sunshine States: Cremefarbene Resorts mit Strandbars und verführerischen Hängematten zwischen den Dünen heißen Sie willkommen! Dem verlässlich spektakulären Sonnenuntergang etwas näher ist man auf der Pier 60. Dort gibt's kühles Bier!

www.clearwaterbeach.com

5 Barefoot Beach Preserve

Der herrliche weiße Strand ist mehrere Kilometer lang und reicht von Bonita Beach bis nach Wiggins Pass am Rand von Naples. Sein feiner Sand enthält winzige Muscheln. Das Wasser ist seicht, und die Dünung streichelt den Strand so sanft, dass man leicht einnickt. Dieses komplett naturbelassene Schutzgebiet zu verschlafen wäre jedoch schade: Die hier noch wuchernde tropische Vegetation, die Seeschildkröten, die bunten Wat- und Seevögel sind, durch einen sehr schönen Spazierweg erschlossen, für den „Barfußstrand" eine echte Konkurrenz!

Barefoot Beach Preserve, 503 Barefoot Beach Rd., Bonita Springs, Tel. (239) 591-8596, tgl. 8.00–20.00 Uhr

7 Bahia Honda State Park

Das Rauschen der Palmwedel, das sanfte Plätschern der Wellen, die Schwärme tropisch bunter Fischlein im türkisfarbenen, schon wenige Meter vom Strand zum Schnorcheln geeigneten Wasser: Sandspur Beach und Caloosa Beach sind Karibik pur. Der Strand des am Overseas Highway in den Florida Keys liegenden State Parks ist weiß und schön, Wellen sind kaum als solche erkennbar. Der beste Ort, das Gehirn zu lüften und zu entschleunigen!

36850 Overseas Highway (MM 37), Big Pine Key, tgl. 8.00 bis Sonnenuntergang, Gebühr: 8 $ per Auto, Tel. 30 58 72-2353, www.bahiahondapark.com

Das Beste zweier Welten

Alle Irren Amerikas leben hier, heißt es. Wirklich? Check. Wellenreiten im Stadtgebiet, im Bikini durch die Downtown radeln, Kunst zwischen Pools und Palmen genießen, für Hühner anhalten? Zumindest ist Miami keine ganz normale amerikanische Stadt. Und die Florida Keys schwammen schon immer gegen den Strom. In der Südostecke des Landes treffen die prüden USA auf tolerantes Miteinander und lateinamerikanisches Vida loca.

Spring Break in South Beach: Die Semesterferien im Frühling nutzen Studenten traditionell zum fröhlichen Feiern am Strand.

„Miami, here I come": Als Besucher spürt man sofort die enorme Energie dieser Stadt.

Kein Sein ohne Design: Im Wynwood Arts District gibt es rund 70 Kunstgalerien und die größte Street-Art-Installation der Welt.

Slackline-Freuden vor dem New World Center: Frank Gehry's im Herzen von Miami Beach errichtetes Konzerthaus ist das Zuhause der New World Symphony, der größten US-amerikanischen Orchesterakademie.

Von der Terrasse des auf der Insel Key Biscane gelegenen Restaurants „The Rusty Pelican" hat man einen schönen Blick auf die Skyline der Stadt.

„Wir sind jetzt in Mii-ah-mii."

Tom Wolfe, „Back to Blood"

Miami brummt. Das spürt der Besucher, sobald er sich am International Airport in den Highway einfädelt. Überall wird gebaut. Kein Wunder also, dass das Navi nicht mitkommt. Die Abfahrt nach Downtown Miami zeigt es erst an, als man schon daran vorbei gefahren ist.

Aktuell boomt Miami, als habe es nie eine Immobilienkrise gegeben. Dabei ist es noch gar nicht so lange her, dass rund 30 000 Eigenheime im Zentrum keine Käufer fanden. Dann drehte man in der Metropolregion an der Biscayne Bay mit ihren heute sechs Millionen Einwohnern wieder auf, und schon bald waren die Wohnungen verkauft. Für Nachschub ist gesorgt: 35 neue Hochhäuser befinden sich derzeit im Bau oder wurden gerade erst vollendet, weitere 85 hat man bereits genehmigt. Auf den Boom folgt Bust folgt Boom: So ist die Stadt, seit sie im Jahr 1896 gegründet wurde. Miami zieht Planer und Investoren magisch an. Heute ist die Stadt nach New York das größte Finanzzentrum der USA.

Lust auf Miami

Eine Turbokarriere also, selbst für US-amerikanische Verhältnisse. Der Besucher spürt die enorme Energie, die in dieser Stadt steckt und die vor allem vom Tourismus gespeist wird, dem wichtigsten Devisenbringer. Kein Monat, in dem nicht wenigstens ein Hotel eröffnet oder für Unsummen erweitert wird. Keine Woche, in der nicht ein neues Restaurant die Türen öffnet, ein neues Festival gelauncht wird. Und die Lust auf Miami ist ungebrochen: 2017 wurden hier 15,9 Millionen Besucher gezählt, 440 000 davon aus Deutschland.

Samtene Luft

Kein Wunder also auch, dass es dem Besucher so ergeht wie allen Besuchern vor ihm. Es ist tropisch warm, es zieht ihn an die Strände. Dort will der Besucher die vielzitierte samtene Luft atmen. Er will die sich in der warmen Brise wiegenden Palmen sehen, das an den rosa Häuserwänden hängenbleibende letzte Tageslicht und die schönen Menschen an den Stränden. Und überhaupt: Er will Miami so erleben, wie er es aus „Miami Vice" kennt, der imageprägenden Kultserie um die Detektive Crockett und Tubbs, die einst in hellen Armani-Anzügen fiese Drogendealer jagten und Miami jenen gefährlichen Ruch verpassten, den es seitdem schamlos kultiviert.

Nach und nach löst sich der Besucher aus dem Highwaychaos und rollt durch die Schluchten der Downtown auf den

Im Uhrzeigersinn von oben links: Mit dem Metromover geht es durch die Downtown – über 28 000 Fahrgäste nutzen täglich den (kostenlosen) Service der örtlichen Verkehrsbehörde Miami-Dade Transit. An der Marina ankert „man" standesgemäß seine Jacht. In den Straßenschluchten der Innenstadt behauptet sich leuchtendes Grün gegen die alles überragenden Wolkenkratzer. In Coconut Grove lädt das direkt am Meer gelegene 34-Zimmer-Schlösschen Vizcaya Museum & Gardens zur Rast ein.

palmengesäumten MacArthur Causeway, den schönsten der sechs Dämme zwischen Fest- und Feuchtland. Ja, Miami hält, was Miami Vice einst versprach: Vorbei an Schlangen schneeweißer Kreuzfahrtschiffe geht es über die türkis schimmernde Biscayne Bay geradewegs auf die sich im warmen Abendlicht als Schattenriss abzeichnende Palmen- und Hotelkulisse von Miami Beach zu. Das Autoradio spielt Salsa. Zeit für einen Cocktail oder zwei. Der Alltag fällt von einem ab: Der Besucher ist da. Angekommen.

Exotische Partyzone
Ah, South Beach. South Beach liegt im Süden von Miami Beach. Es hört auf den Kosenamen „SoBe" und ist die exotische Partyzone der Stadt. Zu SoBe gehört der Art Deco Historic District, die mit Abstand

Das Autoradio spielt Salsa. Zeit für einen Cocktail oder zwei.

größte Attraktion der Stadt. Im Jahr 1979 wurde das damals ziemlich heruntergekommene Viertel unter Denkmalschutz gestellt. Die verlotterten Häuser erhielten ihre Orginalfarben zurück – von zitronengelb über flamingopink bis karibischblau ist alles dabei –, und den Stadtvätern fiel auf diese Weise ein unbezahlbares PR-Geschenk in den Schoß. So berühmt wurde das Viertel, dass SoBe heute oft mit Miami gleichgesetzt wird.

Coral Gables, die berühmte „City Beautiful" mit ihren märchenhaften Mansions? Little Havana mit der Calle Ocho, dem Herz des kubanischen Miami? Key Biscayne, Coconut Grove, Little Haiti? – All das sind klangvolle Namen, zugegeben, mit Stammplätzen in jedem Reiseführer. Doch SoBe ist und bleibt SoBe. Allein der berühmt-berüchtigte Ocean Drive, der Catwalk von Promis, Models und Touristen, bringt das Viertel immer wieder in die Schlagzeilen. Modezar Gianni Versace wurde hier erschossen, ein berauschter

Für die Sicherheit von Miami Beach sorgen Lifeguards in ihren quietschbunten Strandhäuschen. Und wem's am Strand zu wohl wird, der wandelt in den Pool (Mitte links: im Grand Beach Hotel).

Srandleben in South Beach (SoBe): „Hey, man, what's up?"

Der südliche Teil von Miami Beach, South Beach, wird auch schlicht „The Beach" genannt.

> Ein paar Meter durch lichten Palmenhain, und schon verschwinden die Zehen im Sand ...

Justin Bieber ward rüde aus seinem Lamborghini gezogen. Hier liegen die schönsten Art-déco-Hotels, hier befinden sich die besten Cafés und Lounges zum people watching, dem – tagsüber – beliebtesten Zeitvertreib in SoBe. Und zum Strand ist es bloß ein Katzensprung. Ein paar Meter durch lichten Palmenhain, und schon verschwinden die Zehen im Sand des nach Norden endlos erscheinenden Lummus Beach. Dass man hier makellos schön sein muss, um nicht negativ aufzufallen, ist übrigens eine Großstadtlegende. Muskelmänner mit dem Schenkelumfang weiblicher Brustkörbe gibt es hier ebensowenig wie schlecht operiert aussehende Bikini-Nixen. Es riecht auch nicht nach überschüssigen Hormonen, sondern allenfalls nach Sonnenöl.

Kulturelles Epizentrum

Dass ausgerechnet in einer Stadt mit dem Tempo eines Durchlauferhitzers ein abrissbedrohtes Viertel zum Motor städtischer Erneuerung wurde, entbehrt nicht der Ironie. Zugleich ist es ein Beweis für den uramerikanischen Pragmatismus. Seit man erkannt hatte, dass die Zukunft der Stadt als Tor nach Lateinamerika nicht nur von Banken und Immobilien abhängen darf, wirbt Miami aggressiv für die Vision eines kulturellen Epizentrums beider Amerikas. Die besten Voraussetzungen dazu hat es ja: das tropische

Bunter Stilmix im Neonlicht: Art déco à la Miami ist Eklektizismus pur.

Von babyblau bis flamingorosa changieren die Farben des „Colony Hotel" in South Beachs Art Deco Historic District am Ocean Drive (Nr. 736).

Mona Lisa mit Irokesenschnitt: an der Collins Avenue im Art Deco Historic District

Ausgezeichnete Akustik: im New World Center

Art Deco Historic District

Special

Kunterbunt unkonventionell

Bullaugen als Fenster, runde Ecken und Flamingos als Stilelemente: Zum unkonventionellen Miami Beach passt Art déco ideal.
Lebte Henry Hohauser (1895–1963) noch, würde er vielleicht in einem der Cafés am Ocean Drive sitzen und den Ausführungen der Fremdenführer lauschen. Unter Hohausers Leitung schufen hiesige Architekten in den 1930er-Jahren den „Miami Beach Art Deco". Dazu übernahmen sie Elemente des soeben in Paris entstandenen, Formen und Motive der verschiedensten Epochen und Kulturen stromlinienförmig vereinigenden Art-déco-Stils und fügten ihm noch einige tropische Akzente wie Kraniche, Blumen und Flamingos hinzu. Diese Art-déco-Variante war dann nicht nur verspielt, sondern auch vorzüglich dem heißen Klima angepasst: Die „Augenbrauen" genannten Simse über den Fenstern kontrollierten als Schattenspender die Innentemperaturen, die Bullaugen-Fenster schützten vor gleißendem Tageslicht, die schönen Terrazzoböden in den Lobbys spendeten Kühle. Dass Hohausers Vermächtnis nicht der Abrissbirne zum Opfer fiel, ist der streitbaren Barbara Capitman zu verdanken: Die von ihr ins Leben gerufene Miami Design Preservation League erreichte 1979 die Ernennung des Viertels zum Kulturdenkmal.

Heute ist der vom Dade Boulevard wie von der 6th Street und der Lenox Avenue begrenzte Art Deco-Historic-District mit mehr als 800 Häusern das weltgrößte Viertel seiner Art.

Alles so schön bunt hier!

Klima und die Internationalität der Stadt. Schon jetzt sprechen drei Viertel der Bevölkerung Spanisch und 25 weitere Sprachen. Die Stellenanzeigen der Zeitungen bieten im hier typischen, „Spanglish" genannten Sprachenmix „fulltime trabajo", Vollzeitbeschäftigung. Smartphones erkennen selbst abenteuerliche englischspanische Wortkombinationen.

Spanglish ist in den Sprachen allgegenwärtig, und anders als anderswo in den Vereinigten Staaten hat kaum jemand damit ein Problem. Im Gegenteil: Die Nachkommen der ersten und zweiten Einwanderer-Generation werden als US-Amerikaner akzeptiert. Und sie fühlen sich beiden Welten zugehörig. Viele sind zudem in kreativen Branchen tätige Unternehmer und Künstler – und damit einflussreiche Trendsetter.

Kreative Köpfe

Die Rechnung der Stadtväter – kreative Köpfe sorgen für Innovationen, ziehen Touristen an und sorgen damit für Wirtschaftswachstum – scheint aufzugehen. Googelt man etwa im Herbst 2018 „Miami+Kultur", zeigt die Suchmaschine über 8. Mio. Ergebnisse an. Gibt man gleich darauf „Art Basel Miami Beach 2018" ein, erhält man allein dafür schon 5 Mio. Treffer. Der im Jahr 2002 von der renommierten Schweizer Art Basel gegründete Ableger ist heute zu einem Mega-Event

Strandcafé auf Isla Morada (Florida Keys)

Hochseeangeln vor Key Largo

Blick von der Insel Bahia Honda Key
auf den Overseas Highway

Vor dem Shipwreck Treasures Museum auf Key West

Drei Autostunden entfernt wartet das Paradies: Key West.

mit mehr als 50 000 Fach- und Promi-Besuchern jährlich, zwei Dutzend weiteren Alternativmessen und Ausstellungsstücken im Gesamtwert von über drei Milliarden Dollar angeschwollen. Die von diesem Basar für moderne Kunst ausgehenden Impulse haben die Zahl der Galerien in Miami von sechs im Jahr 2002 auf heute über 130 erhöht und andere Branchen, Luxusgüter zumeist, nach Miami gelockt. Am neuen Image feilen auch Events wie der Miami Museum Month im Mai, eine internationale Buchmesse und das Miami Filmfestival. Und damit die Kulturstadt Miami im Rampenlicht bleibt, wurde mit dem hypermodernen Museum Park in Downtown eine ganzjährige Heimat für internationale zeitgenössische Kunst geschaffen. Ein komplettes, der modernen Kunst gewidmetes Stadtviertel gibt es hier schon länger: den Wynwood Art District.

Eine Straße über dem Meer

Ob Miami deshalb, wie einige befürchten, irgendwann seinen Ruf als lebenslustige Party-Stadt verlieren wird? Der Besucher, betört vom South-Beach-Dreiklang aus schwüler Wärme, Kunstgenuss und Bar-Hopping, mag daran nicht recht glauben. Zudem gibt es drei Autostunden von hier einen Ort, den selbst die verwöhnten Einheimischen als Paradies bezeichnen. Eine über das offene Meer gebaute Straße führt dorthin, die Reise geht über „Keys" genannte, von 42 Brücken mit-

Rund um den Mallory Square auf Key West gruppieren sich schöne alte Häuser im Conch-Stil.

Hemingways Haus auf Key West: „Alles, was du tun musst, ist, einen wahren Satz schreiben. Schreib' den wahrsten Satz, den du weißt."

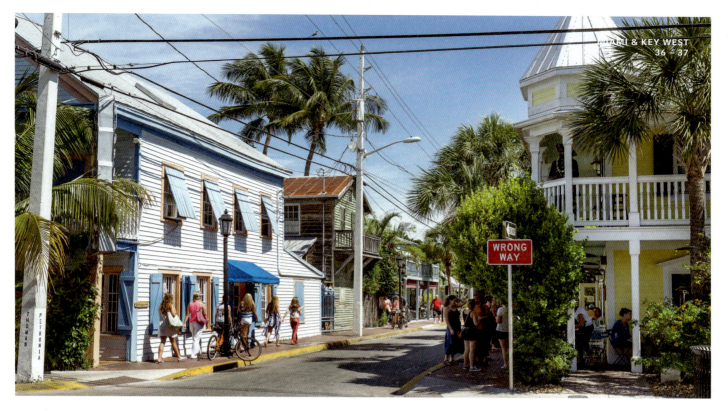

Petronia Street im Bahama Village: Hier spürt man noch den alten Geist von Key West.

Conch Republic Key West

Eine Insel voller Narren?

Am 23. April 1982 verkündeten die Bewohner von Key West ihre Unabhängigkeit von den USA. Dahinter steckte mehr als nur ein Gag.

Der Reisepass sähe einem echten Dokument täuschend ähnlich, prangte auf dem Umschlag nicht der Landesname „Conch Republic". Ein Staat, der sich nach einer Meeresschnecke nennt? Und als Staatsmotto den schönen Satz „Weltweite Entspannung durch Humor" hat?

Dabei waren die Anfänge eher humorfrei. Erbost darüber, dass die Polizei am Highway 1 einen Kontrollposten errichtet hatte, um illegale Einwanderer zu fangen, und die Insulaner nur noch gegen Vorlage ihrer Personalien aufs Festland ließ, erklärte man im Gegenzug die USA zum Ausland. Die Conch Republic existierte zwar nur einen Tag – angesichts des Medienrummels hob Washington die Sperre rasch wieder auf –, doch viele Insulaner fühlen sich ihr bis heute verbunden, und sie bezeichnen es als ihre

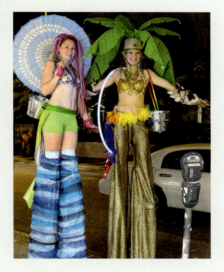

Shopping auf Stelzen: in der Duval Street.

Pflicht, notfalls jederzeit gegen ein machthungriges Amerika aufzubegehren. Den Unabhängigkeitstag feiern sie dem Staatsmotto entsprechend mit Musik, Umzügen und einem fröhlichen Hindernisrennen der hiesigen Drag Queens.

einander verbundene Koralleninseln mit poetischen Namen wie Key Largo, Isla Morada und Bahia Honda Key.

Leben und leben lassen

Am Ende, kurz vor Kuba quasi, versickert der Overseas Highway zwischen Bougainvilleen und schläfriger Kolonialarchitektur. Mit ihm verpufft auch das Mainstream-Amerika mit seinen üblichen Normen. Selbst die Duval Street, die laute Partyzone von Key West, wo das Bier in Strömen fließt und enthemmte Touristen am Abend fünfe gerade sein lassen, wirkt karibisch-entspannt. Doch erst in den übrigen Straßen, die Caroline, Elizabeth oder Angela heißen, schüttet das alte Key West ein wahres Füllhorn tropischer Motive aus: von üppiger Vegetation eingerahmte Holzhäuser mit weitläufigen Veranden und Schaukelstühlen, streunende Hunde, Katzen und Hühner, hin und wieder ein knatterndes Moped. In einer Einfahrt werkeln braungebrannte Boys and Girls an einem alten VW-Campingbus, eine Ecke weiter kommt ein Mann, noch im Drag-Queen-Kostüm vom Vorabend, mit verwischtem Make-up nach Hause. Ein lesbisches Pärchen flaniert lächelnd vorüber, junge Eltern bringen dem Nachwuchs das Radfahren bei. „Leben und leben lassen", lautet das oberste Gebot in Key West. Der Besucher spürt das sofort. Und bleibt gern noch ein paar Tage länger.

DUMONT THEMA

OZEANRIESEN VOR KEY WEST

Gefährdetes Insel-Idyll

Um noch größeren Kreuzfahrtschiffen einen Zwischenstopp zu ermöglichen, wollten Investoren und hiesige Geschäftsleute die Fahrrinne vor Key West erweitern. Umweltschützer und die Mehrheit der Einwohner haben dies jedoch erfolgreich verhindert.

Panorama vom Turm des Shipwreck Treasures Museum in Key West

Das drei mal sechs Kilometer große, von rund 25 000 Menschen bewohnte Inselchen am Südende der Florida Keys empfängt bis zu fünf Millionen Besucher jährlich. Davon kommen allein etwa 700 000 nur für ein paar Stunden als Tagestouristen mit Kreuzfahrtschiffen. Das alte Key West hat dem Tourismus weitgehend das Feld überlassen und sich in die von üppigem Grün überwucherten Gärten und Hinterhöfe zurückgezogen.

Und in Kneipen wie die Schooner Wharf Bar im Jachthafen. Dort sitzt ein in die Jahre gekommener Michael McCloud auf einer kleinen Bühne, schrammelt seine Songs zum billionsten Mal und begleitet die Überleitungen mit einen Schwall von F-Worten. Aus dem wenigen, was man in dem nicht jugendfreien Gemurmel sonst noch versteht, erschließt sich einem dies: Key West ist nicht mehr, was es mal war, Amerika geht wegen der Republikaner vor die Hunde, und, Halleluja, die Pilotstudie (in Sachen Kreuzfahrtschiffe) ist erst mal vom Tisch.

Tätowierte Arme schießen in die Höhe, Hände machen das V-Zeichen. Aus hundert Kehlen kommt Zustimmung – und der Ruf nach der nächsten Runde „Hurricane Reef Pale Ale".

Lebensfreude und Toleranz

Key West ist nicht mehr das, was es einmal war? Mit der in den 1980er-Jahren ausgerufenen „Conch Republic" entwickelte sich ein Wir-Gefühl: „Wir lieben die Keys, wir sind stolz auf unseren toleranten Lebensstil, und wir heißen Menschen jeglicher Herkunft, Hautfarbe und sexueller Orientierung willkommen!" Doch vor ein paar Jahren wurde dieses Wir-Gefühl auf die Probe gestellt, als Key West in einem Referendum über eine Pilotstudie zur Erweiterung der Fahrrinne für Kreuzfahrtschiffe abstimmen sollte. Dem Referendum vorangegangen waren heftige Diskussionen zwischen der Tourismusindustrie und hiesigen Geschäftsleuten einerseits sowie besorgten Umweltschützern und Einheimischen andererseits. Erstere hatten die Pilotstudie gefordert, um für die immer größeren Kreuzfahrtschiffe attraktiv zu bleiben. Die mit den Ozeanriesen für ein paar Stunden in Key West landenden Tagestouristen seien unverzichtbar für die Wirtschaft, hieß es, und die Zerstörung von gut 70 km² Meeresboden, inklusive geschützter

Das alte Key West hat dem Tourismus weitgehend das Feld überlassen.

Links: Immer näher kommen die Kreuzfahrtschiffe an Key West heran.

Oben: Blick aus einem der schwimmenden Luxusliner

Korallenriffe, deshalb unvermeidbar. Eine Befürwortung der Studie hätte die Realisierung des Projekts entscheidend vorangetrieben, doch am Ende sprachen sich fast drei Viertel der Einwohner dagegen aus. Der berühmte, Lebensfreude und Toleranz beschwörende „Key Spirit" hatte die Schlacht gewonnen – ob er auch den Krieg gewinnen kann, muss sich noch zeigen. Eines steht aber fest: Bis zum nächsten Vorstoß der Befürworter der Fahrrinne werden in der Schooner Wharf Bar noch viele „Hurricane Reef Pale Ales" durch durstige Insulaner-Kehlen rinnen.

„I'd rather be here drinking a beer / Than freezing my ass off in the north."

Michael McCloud, „The Conch Republic Song"

Welcome – Bienvenido

Englisch, spanisch, spanglish. Fantastische Museen und tolle Shoppingmöglichkeiten, angesagte Galerien. Palmen und Strände. Schöne Menschen unterschiedlichster Herkunft. Heiße Rhythmen. Miami mit seinen in der Metropolregion weit über sechs Millionen Einwohnern ist ein Energiebündel – und die sinnlichste Stadt der USA.

❶ – ⓴ Miami

Der im chronisch überlasteten Straßennetz navigierende Besucher erlebt gleich zwei Miamis: das geschäftsmäßige mit den Bankentürmen, Malls und Wohngebieten, und das auf einer Barriereinsel liegende Miami Beach mit seiner Lifestyle-Enklave South Beach.

Blick vom vorgelagerten Watson Island auf die Downtown von Miami

SEHENSWERT/MUSEEN

Miami hat neben der Downtown noch Coral Gables, den Wynwood Art District, Little Havana und Coconut Grove zu bieten. Für den Besuch der dortigen Attraktionen ist ein Auto unentbehrlich. Die Rush Hour von 7.00 bis 9.00 und von 17.00 bis 19.00 Uhr ist zu vermeiden. Für Miami Beach mit SoBe reichen Taxi oder Rad. Hier befindet sich das Zentrum der hiesigen Kunst- und Kulturszene – selbst Hotels wie das Sagamore und das Ritz Carlton South Beach präsentieren Kunst vom Feinsten.

DOWNTOWN

Mit dem ❶ **Museum Park** (vorher: Bicentennial Park) an der Biscayne Bay entstand ein moderner Museumskomplex, zu dem das **Pérez Art Museum** (vormals: Miami Art Museum; 1103 Biscayne Blvd., Mo.–Di., Fr.–So. 10.00–18.00, Mi. geschl., Do. bis 21.00 Uhr, Eintritt 16 $) und das im Jahr 2017 eröffnete **Patricia and Phillip Frost Museum of Science** (1101 Biscayne Blvd., tgl. 9.30–18.00, Eintritt 18 $) gehören. Auch die Bühne des modernen ❷ **Adrienne Arsht Center for the Performing Arts** (1300 Biscayne Blvd.) lockt Kunstsinnige ins Zentrum. Gleiches gilt für den nördlich angrenzenden **Wynwood Art District** (www.wynwoodmiami.com): In über 70 Galerien zeigt man moderne Kreative; darüber hinaus gibt es noch Museen, Sammlungen, Kunst-Komplexe, Ateliers und Kunstmessen. Die ❸ **Rubell Family Collection** (95 NW 29th St., Mi.–Sa. 10.00–17.30 Uhr, Eintritt 10 $, tgl. um 15.00 Uhr eine gratis geführte Tour) stellt brandneue und etablierte Moderne aus. Sportfreunde zieht es zur ❹ **American Airlines Arena** (601 N. Biscayne Blvd., www.aaarena.com) zwischen Museum Park und Bayfront Park. Dort spielt das Basketball-Team Miami Heat. Im weitläufigen ❺ **Bayfront Park** werden jährliche Top-Events wie das Ultra Music Festival und ganzjährig stattfindende Freiluftkonzerte ausgerichtet.

LITTLE HAVANA

❻ **Little Havana** ist die Heimat von rund 500 000 Exilkubanern und Lateinamerikanern. Hauptstraße ist die SW 8th St., besser bekannt als Calle Ocho. Eingestreut in das gesichtslose Einerlei aus Restaurants und vergitterten Convenience-Kaschemmen liegen zwischen SW 12th und 17th Avenue sehenswerte Ziele wie der Cuban Memorial Blvd. mit seinen Statuen hier populärer Castro-Gegner und der vielfotografierte Máximo Gómez Park, wo zigarrenrauchende Senioren sich die Zeit mit Domino vertreiben. Anschauen sollte man sich das Gemeinde- und Kunstzentrum **Cuba Ocho** (1465 SW 8th St., tgl.) mit seinen wechselnden Ausstellungen und Livekonzerten.

COCONUT GROVE

Das fast 100 Jahre alte ❼ **Vizcaya Museum & Gardens** (3251 S. Miami Ave., tgl. 9.30–16.30 Uhr, Eintritt 22 $) ist ein mediterraner Renaissancepalast, den ein von italienischer Kunst begeisterter Industrieller einst mit kostbaren Kunstwerken vollstopfte. Wie Häuser vor der Erfindung der Klimaanlage kühl gehalten wurden, kann man in dem im Jahr 1891 gebauten, wohl ältesten Haus der Stadt im ❽ **Barnacle State Historic Park** (3485 Main Highway, Mi. bis Mo. 9.00–17.00 Uhr, Eintritt 2 $) studieren.

CORA GABLES

Miami's „City Beautiful" wurde in den 1920er-Jahren von dem Städteplaner George Merrick entworfen und mit den damals angesagten mediterranen Villen und Parks versehen. Fantasievolle Stadttore markieren bis heute die Stadtgrenzen. Der als ❾ **Miracle Mile** bekannte Abschnitt des Coral Way dient als elegante Einkaufsstraße. Gesellschaftlicher Mittelpunkt – auch Al Capone besaß hier eine Suite – war damals das luxuriöse ❿ **Biltmore Hotel** (1200 Anastasia Ave.), ein knapp 100 m hoher, spanisch-maurisch inspirierter Turmbau mit fast 300 Zimmern. Wer hier nicht absteigt, sollte sich zumindest die spektakuläre Lobby anschauen. Für Liebhaber Alter Meister lohnt das ⓫ **Lowe Art Museum** (1301 Stanford Dr., Di.–Sa. 10.00–16.00, So. 12.00–16.00 Uhr, Eintritt 12,50 $) den Besuch.

SOUTH BEACH (SOBE)

Die schönsten Häuser im ⓬ **Art Deco Historic District** TOPZIEL trifft man am Ocean Drive, entlang der Hauptachsen Collins und Washington Ave. sowie an der Euclid Avenue. Den besten ersten Eindruck erhält man auf einem im **Art Deco Welcome Center** (1001 Ocean Dr., Di.–Sa. 10.00–17.00, Do. bis 19.00 Uhr, www.mdpl.org/ welcome-center) gebuchten Rundgang. Überhaupt ist SoBe gut für Fußgänger: Die Entfernungen sind gering, und aus Straßen wie dem spanisch anmutenden, von Künstlern und Galeristen bewohnten Gässchen Espanola Way (zw. 14th u. 15th Sts.) und der Shoppingmeile Lincoln Road Mall (zw. Alton Rd. u. Washington Ave.) wurden Autos zur Gänze verbannt. Ebenfalls autofrei: Die Promenade durch den Palmenhain zwischen Ocean Drive und Lummus Beach und der Boardwalk (zw. 21st und 46th St.), der den Strand bis nach North Miami begleitet. Auch Freunde von Hoch- und Subkultur kommen hier auf ihre Kosten: Das u.a. niederländische Renaissance-Meister beherbergende ⓭ **Bass Museum**

INFOS & EMPFEHLUNGEN

Tipp
Schnorcheln

Am Strand parken, Taucherbrille mit Schnorchel auf – und ab in die klaren Fluten: Am schönsten ist „shore snorkeling" im **Bahia Honda State Park** TOPZIEL (Korallen, tropische Fische, Schalentiere) und vom Strand des Ft. Zachary Taylor Historic State Park in Key West aus.

Oben: Last Exit Key West – next stop Cuba. Rechts der grandiose Blick vom Grand Beach Hotel in Miami Beach

Tipp
Tagesausflug

Hier schmachteten einst Gefangene des Bürgerkriegs: Der Tagesausflug von Key West nach Ft. Jefferson zur eine ganze Insel einnehmenden Festung im **Dry Tortugas National Park** ist via Katamaran ab Key West möglich. Die nach den vielen hier lebenden Meeresschildkröten benannte Inselgruppe ist die äußerste, westlichste Gruppe der Florida Keys.

INFORMATIONEN UNTER
www.drytortugas.com

of Art (2100 Collins Ave., Mi.–So. 12.00–17.00, Fr. bis 21.00 Uhr, Eintritt 10 $) und die Kunstausstellungen des ⑭ **Wolfsonian** (1001 Washington Ave., Mo.–Di., Do., Sa. 10.00–18.00, Fr. 10.00–21.00, So. 12.00–18.00 Uhr, Eintritt 12 $) sind nicht weit.

AUSGEHEN/FESTIVALS/ERLEBEN
Im **Adrienne Arsht Center** (1300 Biscayne Blvd., Tel. 30 59 49-67 22, www.arshtcenter.org) treten Weltstars aus Oper, Jazz und Comedy auf. Das von Frank Gehry entworfene **New World Center** (500 17th St., Tel. 30 56 73-33 31, www.nws.edu) ist die Heimat der New World Symphony. Im **Fillmore at the Jackie Gleason Theater** (1700 Washington Ave., Tel. 30 56 73-73 00, www.fillmoremb.com) laufen stetig Top Acts aller Genres. Ein Muss ist das gepflegte Vorglühen in einer der vielen Lounge Bars in SoBe. Mit Cocktails die lange Nacht beginnen geht gut in der schummrig-schönen Bar des **Employees Only** (1030 Washington Ave., im Coral House), der von den 1940er-Jahren inspirierten **Martini Bar** im Raleigh Hotel (1775 Collins Ave.) und auf der coolen Dachterrasse **Vue Terrace** des Hotel Victor (1144 Ocean Dr.). Danach zum Abrocken – vielleicht im **Mango's Tropical Café** (900 Ocean Dr.) mit seinen leicht geschürzten (Vor-)Tänzerinnen oder im mit Models und Promis gefüllten **Mynt** (1921 Collins Ave.), dem House-Tempel von SoBe. Während des **Calle Ocho Festival** in der ersten Märzwoche in Little Havana spielen zwischen 8th u. SW 27th Ave. Salsa-Bands auf zwölf Open-Air-Bühnen. Ebenfalls im März (letztes Wochenende) heizen während des **Ultra Music Festival** im Bayfront Park die besten DJs des Landes über 150 000 im Abendlicht groovenden Electronic-Music-Fans ein. Während der **Art Basel Miami Beach** (erste Dezemberwoche) zeigen über 250 Galerien aus aller Welt im Miami Beach Convention Center moderne Kunst. Interessante Beispiele für die in den USA immer beliebter werdenden **Art Walks** sind der **First Saturday Art Walk** auf der Lincoln Road Mall (lincolnroadmall.com) und der **Wynwood Art Walk** (www.wynwoodartwalk.com) jeden zweiten Samstag. In Coral Gables kann man im **Venetian Pool** (2701 de Soto Blvd., Juni–Aug. Mo.–Fr. 11.00–18.30, Sa., So. 10.00–16.30, Sept.–Okt. Di.–Fr. 11.00–17.30, Sa., So. 10.00–16.30 Uhr, Eintritt 15 $) wie einst Johnny Weissmüller alias Tarzan schwimmen: Das in einem Korallenkalkbruch liegende Bad war wiederholt Kulisse für Abenteuerfilme. Durch die Küchen verschiedener Stadtviertel isst man sich auf den **kulinarischen Exkursionen** von Miami Culinary Tours (www.miamiculinarytours.com). **Salsa tanzen** lernen ist auch möglich, und zwar in den Salsa Kings Dance Studios (www.thesalsakings.com). Nicht zuletzt hat Miami Beach mit dem **South Beach** (zwischen 1st Washington Ave. und 21st St.) und seiner Fortsetzung, dem **Central Beach** (bis 78th Street), zwei der besten Strände Floridas in seinen Stadtgrenzen.

EINKAUFEN
In Miami Beach residieren die Designerläden am Espanola Way, der Lincoln Road (www.lincolnroadmall.com) und der Collins Ave. (südl. v. 9th St.). Die riesige **Aventura Mall** im Norden (19501 Biscayne Blvd., Mo.–Sa. 10.00–21.30, So. 12.00–20.00 Uhr) bietet bekannte Marken, ebenso die eleganten **Bal Harbour Shops** (9700 Collins Ave., Mo.–Sa. 10.00–21.00, So. 12.00–18.00 Uhr) im Norden von Miami Beach. In Downtown Miami wird man im Miami Shopping District (rund um Flagler St.) fündig.

RESTAURANTS
Angesagte Restaurants findet man in South Beach, Wynwood und Coral Gables. Gut: das €€€/€€€€ **Meat Market** (SoBe, 915 Lincoln Rd., Tel. 30 55 32-00 88), ein auf exquisite Steaks spezialisiertes Bistro. Klassische Southern Cuisine mit viel „Soul" gibt es im €€ **Yardbird Southern Table & Bar** (1600 Lenox Ave., Tel. 305 538 5220). Das €€€ **Casa Tua** (1700 James Ave., Tel. 305 673 1010) serviert auf seiner mit romantischen Laternen beleuchteten Terrasse raffinierte, mit SoBe-Touch zubereitete Küche aus Norditalien. Ein echtes Nachbarschaftsbistro in Wynwood ist €€ **Michael's Genuine** (130 NE 40th St., Tel. 30 55 73-55 50), hier kommen nur regionale organische Produkte auf den Tisch. In Coral Gables ragt das in einer Tankstelle untergebrachte €€/€€€ **El Carajo** (2465 SW 17th Ave., Tel. 30 58 56-24 24) mit spanisch-mexikanischer Küche heraus.

UNTERKUNFT
Eines der neueren All-Suite Hotels mitten in SoBe ist das €€€/€€€€ **Sagamore** (1671 Collins Ave., Tel. 30 55 35-80 88, www.sagamorehotel.com). Tropisch entspannt gibt sich das elegante €€€€ **The Betsy** (1440 Ocean Drive, Tel. 30 55 31-61 00, www.thebetsyhotel.com), das über eine tolle Dachbar mit Meeresblick verfügt. Vor dem historischen €/€€ **Clay Hotel** (1483 Washington Ave., Tel. 30 55 34-29 88, www.clayhotel.com) wurden einst Szenen für die Kultserie „Miami Vice" gedreht. Etwas ab vom Schuss, aber via halbstündigem Spaziergang auf dem schönen Boardwalk mit

SoBe verbunden, ist das €€€/€€€€ **Grand Beach Hotel** (4835 Collins Ave., Tel. 30 55 38-86 66, www.miamihotelgrandbeach.com), ein modernes Strandhotel mit Pool, Restaurants und Bars. Eine (Erholungs-)Welt für sich: das Boutiquehotel €€€ **Carillon Miami Wellness Resort** (6801 Collins Ave., Tel. 30 55 14-70 00, www.canyonranch.com/miamibeach).

INFORMATIONEN
Greater Miami and the Beaches, 701 Brickell Ave., Suite 2700, Miami Tel. 30 55 39-30 00, 1-800-933-8448 www.miamiandbeaches.com

⑮ Key West

Wenigstens zwei Übernachtungen sollte einplanen, wer den drei- bis vierstündigen Abstecher von Miami aus über die **Florida Keys** nach **Key West TOPZIEL** unternimmt.

SEHENSWERT/ERLEBEN
„Living in paradise": Nicht nur, um in der Partyatmosphäre des Mallory Square am Ende der Duval Street zumindest einen der märchenhaften Sonnenuntergänge zu erleben, sollte man Key West besuchen, sondern auch, um das von üppiger Vegetation bedeckte Städtchen mit dem Rad (Eaton Bike Rental, 830 Eaton St., Tel. 30 52 94-81 88) zu erkunden und Attraktionen wie das **Hemingway Home** (907 Whitehead St., tgl. 9.00–17.00 Uhr, Eintritt 14 $) oder das alte **Key West Aquarium** (1 Whitehead St., tgl. 9.00–18.00 Uhr, Eintritt 17 $) zu genießen.

RESTAURANTS
Die meisten Restaurants liegen an der Duval Street. Sehr zu empfehlen: die € **Amigos Tortilla Bar** (425 Greene St., Tel. 30 52 92-20 09) mit ihren „Carnitas" und „Chorizos", das karibische Delikatessen servierende €/€€ **Blue Heaven** (729 Thomas St., Tel. 30 52 96-86 66) und das feine, fang- und marktfrische Produkte elegant zubereitende €€€/€€€€ **Louie's Backyard** (700 Waddell Ave., Tel. 30 52 94-10 61). Das Bar-Hopping danach ist „Nationalsport": Kneipen wie das €€€ **Sloppy Joe's** (201 Duval St.) und die von „Conchs", Skippern und Lokalkolorit suchenden Touristen frequentierte **Schooner Wharf Bar** (202 William St.) sind berühmt-berüchtigte „Wasserstellen".

UNTERKUNFT
Resorts wie das schöne €€/€€€ **Parrot Key Resort** (2801 N. Roosevelt Blvd., Tel. 305 600 0097, www.parrotkeyresort.com) sind ruhig gelegen und verfügen über Pools in romantischen Innenhöfen. In historischen „Conch Houses" gelegene B&Bs wie das €€€ **Avalon B&B** (1317 Duval St., Tel. 30 52 94-82 33, www.avalonbnb.com) bieten relaxte „Old Florida"-Atmosphäre mit Bastsesseln, Himmelbetten und Ventilatoren unter der Decke.

INFORMATIONEN
Key West Chamber of Commerce, 510 Greene St., Tel. 30 52 94-25 87, www.keywestchamber.org

---

MIAMI & KEY WEST
42 – 43

Genießen   Erleben   Erfahren

Radeln durch Miami Beach und Key West

DuMont Aktiv

Ein offener Ferrari Daytona ist in South Beach natürlich das stilechte Transportmittel. Doch wer nicht riskieren möchte, dass die Ledersitze bei einem tropischen Regenschauer Schaden nehmen, der setzt sich auf ein CitiBike. Das ist gesünder, trendiger – und auch im bequemen Cruiser-Sattel weht einem die frische Meeresbrise angenehm durch's Haar.

CitiBikes gibt es in Miami Beach seit ein paar Jahren. Die Stadtanlage kommt dem Leihradsystem entgegen: Die Entfernungen sind nicht zu groß, die Seitenstraßen ruhig, und die Aussicht, sich nicht auf mühsame Parkplatzsuche begeben zu müssen, ist verlockend. Inzwischen sind mehr als tausend der stabil aussehenden Drahtesel in Miami Beach unterwegs. Rund hundert Leihstationen befinden sich an strategisch günstigen, im ganzen Stadtgebiet verteilten Stellen.

Auch in Key West macht das Zweiradeln Spaß und gute Laune. Statt eines öffentlichen Leihradsystems werden hier die Räder noch ganz klassisch gemietet. Aber dann geht es auch schon los!

Auf einen Blick

Ein komfortabler Sattel, LED-Licht für nächtliche Touren und ein Korb am Lenker für die Badeklamotten und Strandmatten: Miami Beach via CitiBike entdecken bringt Amerikas Riviera dem Besucher noch ein wenig näher.

Auch Key West erkundet man (ohne Parkplatzsorgen) am besten via Veloziped.

Informationen im Internet: www.citibikemiami.com

Immer mehr US-Amerikaner schwingen sich in den Sattel. In den Fahrradsattel, wohlgemerkt.

Betörende Farben

Im Südwesten Floridas führen alle Wege dorthin, wo man die Farben am besten sieht: die spektakulären Weiß- und Gelbtöne des makellosen Sandes, die ungezählten Blau- und Grünnuancen des Meeres, die wie mit kräftigem Pinselstrich aufgetragenen Rot- und Gelbtöne des Abendhimmels, der sich an windstillen Tagen in ein zartes Pink verwandelt. Auch landeinwärts sind die vielfältigsten Sinnesreize zu erwarten.

Schneeweiß: die Strände im Fort de Soto Park, am Ausgang der Tampa Bay.

Im Dalí-Museum in St. Petersburg führt eine Wendeltreppe hinauf zur Glaskuppel, ...

... die auch von außen betrachtet ein stilbildendes Merkmal dieses spektakulären Museumsbaus ist.

Blick über den Golf von Mexiko hinweg auf die nächtlich illuminierte Downtown von Clearwater

American Nightlife: In der Bar des Hotels Pierhouse 60 am Clearwater Beach liegt einem der Golf von Mexiko zu Füßen.

> Honeymoon, Lido, Siesta: In den Ohren stressgeplagter Großstadtmenschen klingen solche Namen wie Süßholzraspelei.

Die hiesigen Strände einfach nur „schön" zu nennen, wäre eine maßlose Untertreibung. Der seidenweiche Wind und die langsamen, kaum wahrnehmbaren Gezeiten des Golfes von Mexiko sind ihre einfühlsamen Helfer, der Sand, von gelb nach schneeweiß changierend und verlässlich makellos, ist ihre Visitenkarte. Zwischen Naples und Clearwater findet jeder seinen Strand. Sarasotas Siesta Public Beach mit seinem seichten Wasser und sanften Gefälle ist ideal für Familien. Der Strand auf Lovers Key präsentiert sich als romantischer Sandstreifen zwischen Mangrovenwäldern, und die schneeweißen Strände im Fort-de-Soto-Park am Ausgang der Tampa Bay sind so lang und entlegen, dass man hier selbst zur Hochsaison ein stilles Plätzchen findet. Caladesi, Honeymoon, Lido, Siesta, Sanibel und Captiva sowie viele andere mehr: In den Ohren stressgeplagter Großstadtmenschen klingen diese Namen wie verheißungsvolle Süßholzraspelei. Selbst der Clearwater Beach, von Resorts und Luxushotels gesäumt und wohl der populärste Strand am Golf, hält mühelos, was in seinem Namen mitschwingt: Urlaub und Erholung pur!

Tampa Bay Area

Die Tampa Bay ist das herausragende geografische Merkmal der Golfküste. Drei Städte liegen an dieser über 1000 Quadratkilometer großen Meeresbucht: Tampa, das für sein Dalí-Museum berühmte St. Petersburg, Clearwater. Überquert man, von Süden kommend, die Bay auf der eleganten Sunshine Skyway Bridge, sieht man die Anfänge der Tampa Bay Area als zentimeterhohen Rand über dem blauen, von Segeln weiß gesprenkelten Meer. Der Ballungsraum zählt über vier Millionen Einwohner und gehört zu den am schnellsten wachsenden Gebieten Floridas. Besinnt man sich jedoch darauf, wie jung das alles hier ist, erscheinen die sich bläulich aus dem Dunst schälenden Bürotürme Tampas unwirklich: Keine 500 Jahre ist es her, dass der Pfeil eines Indianers den spanischen Konquistador Juan Ponce de Léon – wohl der erste Europäer an diesen Küsten – tödlich verwundete. Und keine 160 Jahre sind die letzten blutigen Seminolenkriege her, die das Ende der letzten freien Indianergruppen besiegelten. Damals wurden jene Forts gebaut, aus denen in Florida später die vielen Städte mit dem „Ft." vor dem Namen hervorgingen. Kaum mehr als 100 Jahre

Say cheese: Gut gelaunte Tänzerinnen auf einem Straßenfest in Ybor City (Tampa)

An Floridas Golfküste entstanden winterliche Refugien für die Oberen Zehntausend aus New York, Boston und Philadelphia.

Easy Rider für Fortgeschrittene: Schwere Jungs (plus Mädel) auf schweren Maschinen (in Tampa)

Blick von Harbour Island auf die Skyline von Tampa, der an der gleichnamigen Bay gelegenen drittgrößten Stadt Floridas

Überspannt die Tampa Bay: die 8851 Meter lange Sunshine Skyway Bridge mit ihrer markanten Schrägseil-Mittelöffnung

wiederum sind vergangen, seit die Ankunft der Eisenbahn den Startschuss für eine rasante Entwicklung gab, die den Tourismus zur Haupteinnahmequelle machte und deren Ende noch längst nicht abzusehen ist.

Ein Ort für die Ostküsten-Elite

Zersiedelung, auf englisch *urban sprawl*, ist ein Problem. Das Tempo, mit dem neue Siedlungen ins Hinterland vordringen, kann schwindelig machen. Thomas Alva Edison sah dies voraus. Als der geniale Erfinder 1885 im schläfrigen Fischernest Fort Myers an Land ging, um seine angeschlagene Gesundheit zu kurieren, sagte er den bemerkenswerten Satz: „Es gibt nur ein Fort Myers, und 90 Millionen Menschen werden hierher kommen, um es zu entdecken." Doch bis es tatsächlich so weit war, vergingen Jahrzehnte. Zunächst zog die Ostküsten-Elite hierher, allen voran Edisons guter Freund Henry Ford, der seinerseits Harvey Firestone mitbrachte. Der Erfinder, der Automagnat und der Reifenhersteller überwinterten hier im Kreise ihrer Familien – und lockten weitere große Namen an den Golf. Die Ankunft der Eisenbahn erleichterte den Personenverkehr, und noch vor dem Ersten Weltkrieg waren auch St. Petersburg, Sarasota und einige der vorgelagerten Barriereinseln winterliche Refugien der oberen Zehntausend aus New York, Boston und Philadelphia.

Was für ein Zirkus!

Der flamboyanteste Wintergast am Golf war der berühmte Zirkusbesitzer und Kunstsammler John Nicholas Ringling. Im Jahr 1927 verlegte er das Hauptquartier seines Ringling Bros. and Barnum & Bailey Circus nach Sarasota und baute mit der venezianisch inspirierten 30-Räume-Villa Ca' d'Zan die extravaganteste Residenz im Sunshine State.

Während der nächsten Jahrzehnte wuchsen die Städte am Golf kontinuierlich, vor allem als Rentnerparadiese auch für Kanadier und Europäer. Der entscheidende Schub kam in den 1980er-Jahren

Ca' d' Zan: die feudale Winterresidenz des Ehepaares John und Mable Ringling

Strandleben auf Captiva, dem tropischen Inselparadies vor Fort Myers

Direkt an der Sarasota Bay gelegen, ist die höchst luxuriöse Villa der Ringlings eines der schönsten Beispiele des historisierenden Baustils der 1920er-Jahre.

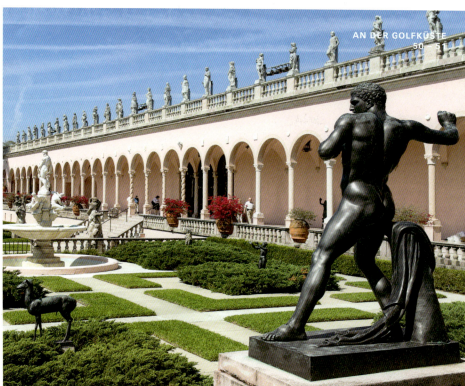

Zum Ringling Museum of Art gehören gepflegte Gartenanlagen. Den im Neorenaissancestil errichteten Gebäudekomplex vermachte der Zirkuskönig dem Staat.

Special

Bedrohte Tierart

Manatee Nation

Manatees (deutsch: Rundschwanzseekühe) sind groß, langsam und harmlos. Floridas Gewässer markieren für sie ein gefährliches Pflaster. Zuerst denkt man an einen im Wasser dümpelnden Baumstamm. Bis der „Stamm" ein wenig nach rechts, dann nach links rollt und plötzlich abtaucht. So oder so ähnlich erlebt man eine Begegnung mit Floridas beliebtestem Sorgenkind vom Kajak aus.

Manatees schwimmen in den Mangrovenwäldern der Küsten. In der kälteren Jahreszeit – die Wassertemperatur darf nicht unter 20 Grad fallen – bevorzugen sie das wärmere Wasser der Quellteiche landeinwärts. Auch in Kühlwasserabflüssen von Kraftwerken werden sie dann oft gesehen. Seit dem Jahr 1967 stehen die gutmütig dreinblickenden Säugetiere mit der borstenbesetzten Schnauze in den USA unter Schutz. Die größten Feinde der bis zu 50 Kilo Wasserpflanzen täglich zu sich nehmenden

Auf du und du mit der (bedrohten) Tierwelt.

Vegetarier sind Motorboote. Dazu kommt der Stress durch Unterkühlung: Manatees, deren Lebensraum im Süden durch die Erschließung der Küsten zerstört wurde, ziehen nach Norden, wo die Wassertemperaturen leicht unter die für sie erträglichen Temperaturen sinken können. Statistisch gesehen ist die Entwicklung positiv: Zuletzt wurden deutlich weniger tote Manatees gemeldet. Wissenschaftler warnen allerdings davor, zu früh Entwarnung zu geben.

mit der Eröffnung eines Regionalflughafens bei Fort Myers. Da schon das Hinterland mit Zweitwohnsitzen bepflastert war, entwickelte sich dieser Flughafen in kurzer Zeit zum internationalen Drehkreuz mit rund acht Millionen Passagieren pro Jahr.

Besorgter Bürgersinn
Bis zur letzten Finanz- und Immobilienkrise blieb Floridas Südwesten die am schnellsten wachsende Region des Sunshine States – gesichtslose Vorstädte, chaotische Highwaysysteme und Umweltbelastung inklusive. Antworten auf die drängendsten Fragen der Region – die Zukunft der Feuchtgebiete, das Schicksal der Manatees, die Trinkwasserversorgung – werden noch gesucht, doch zumindest konnte besorgter Bürgersinn an manchen Stränden Spekulanten erfolgreich Paroli bieten. Auf Sanibel & Captiva, dem Inselparadies vor Fort Myers, schlossen sich schon in den 1960er-Jahren besorgte Privatleute zusammen und drückten in jahrelangen Auseinandersetzungen strengste Bebauungsgesetze durch. Auf Sanibel gibt es deshalb heute weder Hotelkästen noch Apartmentblocks, auch keine Schilderwälder und Neonreklamen. Selbst die Einrichtung des J. N. „Ding" Darling National Wildlife Refuge, das ein unberührtes Mangroven-Ökosystem

Bei der Stadtbesichtigung mit dem Segway rollt man ganz gemütlich an den eleganten Villen von Naples vorbei.

Strandleben am 1888 erbauten Fishing Pier, dem 300 Meter langen, denkmalgeschützten Wahrzeichen von Naples.

Der verlässlich makellose Sand ist die Visitenkarte der Strände am Golf.

Bei einer Kajaktour durch die Everglades gleitet man durch eine atemberaubend schöne Natur, vorbei an Schneesichlern (Eudocimus albus), einem Schreitvogel aus der Unterfamilie der Ibisse (oben links), Alligatoren (oben rechts) und Waschbären (unten links).

Ideal zur Fortbewegung in der Sumpflandschaft der Everglades sind propellergetriebene Wasserfahrzeuge (Airboats).

> „Amerikaner haben lange damit gelebt, zu glauben, dass die Natur kein Ende habe."
>
> Philipp Kavits, National Wildlife Federation

schützt und den größten Teil der Insel einnimmt, wurde privat initiiert.

Ähnlich erfolgreich war der Bürgerwille auf Anna Maria Island, einer Barriereinsel am Ausgang der Tampa Bay. Auch dort halten strenge Bebauungsgesetze – wenngleich stets angefochten und belagert – Spekulanten bis jetzt in Schach. Heute ist die Insel mit den herrlichen Muschelsandstränden eine der wenigen, auf der noch alte bunte Holzhäuschen aus den 1920er-Jahren die Straße säumen und der Blick aufs Meer nicht von Privatbesitz versperrt wird.

Künstler als Speerspitze

Häufig bilden Künstler die Speerspitze im Kampf gegen Umweltverschmutzung und Uniformität. Als in dem von Stillgewässern (Bayous) und Kanälen zerfurchten Matlacha auf Pine Island der kommerzielle Fischfang zugunsten des Sportangelns verboten wurde, verwandelte sich das winzige Fischernest unweit von Cape Coral in eine Offbeat-Künster-Kolonie. In ihren knallbunten Workshops und Galerien an der Pine Island Road produzieren heute rund 350 Kreative ausgefallene Mixed-Media-Kunst – und engagieren sich mit den Einheimischen im Kampf gegen das (von den Chemikalien in den Haushalten Cape Corals verursachte) Fischsterben. Und in Gulfport schließlich, einem künstlerfreundlichen Städtchen ein paar Meilen südlich von St. Petersburg, ist man stolz darauf, das Zentrum mit seinen gepflasterten Straßen, 1950er-Jahre-Bungalows sowie den ausgefallenen Galerien und Restaurants vor den bauwütigen Städteplanern gerettet zu haben.

Mit einem Lächeln im Gesicht

Profis bringen ihre Klappstühle mit zur Show. Zwanzig, dreißig Minuten vor der Aufführung sieht man sie zielstrebig auf „ihren" Platz am Strand zusteuern, den Stuhl auseinanderfalten und es sich bequem machen. Die Sonnenuntergänge am Golf von Mexiko als „spektakulär" zu bezeichnen, wäre ebenfalls untertrieben. Die Amateure zieht es zu den Autos zurück, sobald die Sonne ins Meer geplumpst ist. Die Profis bleiben an ihrem Platz, denn sie wissen: Gleich kommt der zweite Akt. Erst nachdem auch die Purpurphase beendet ist und sich die Nacht über den Golf senkt, stehen sie auf und gehen nach Hause. Mit einem Lächeln im Gesicht. Wieder einmal ein Abend wie gemalt, wieder einmal ein Fest der Farben im Südwesten Floridas.

EVERGLADES

Ein UNESCO-Welterbe kämpft ums Überleben

Alligatoren und Krokodile, die eleganten Schlangenhalsvögel (Anhingas), schier endlose Sümpfe mit winzigen Waldinseln und vielen endemischen Pflanzen: Die subtropischen Riedgrasmarschen der Everglades sind eine faszinierende Welt, aber ihre Zukunft ist ungewiss.

Ein paar Insekten tanzen im Abendlicht, auch am Ende des Tages ist es noch heiß. Der Alligator im Schilf hat sich seit einer Stunde nicht gerührt. Unweit davon steht ein seltener Waldstorch einbeinig im Wasser. Manchmal, wenn er ein Beutetier im Visier hat, zuckt sein graumelierter Kopf mit dem kräftigen langen Schnabel nach vorn. An diesem schönen Abend scheint er jedoch zur ernsthaften Jagd zu träge. Das Schilf, die Tiere, das dunkle Wasser: ein Bild, typisch für die Sumpfwildnis der Everglades.

Im Reich der Riesenechsen: Alligatoren – erkennbar an der flachen, breiten Schnauze – halten sich bevorzugt in Süßwasserregionen der Everglades auf.

Hochempfindlich und todkrank

Der rund 6100 Quadratkilometer große Everglades National Park schützt den Südzipfel des einst fast den ganzen Süden Floridas bedeckenden Marschlandes. Eine einzige Straße, von Florida City nach Flamingo, führt hindurch. Gut ausgebaute Wege geleiten zu schönen Aussichtspunkten, an denen man Flora und Fauna beobachten und fotografieren kann. Tiefer in dieses hochempfindliche Sumpfgebiet vorstoßen dürfen nur Ranger und Wissenschaftler. Denn: Die Everglades sind todkrank.

Vom Leben am „Fluss aus Gras"

Im Grunde handelt es sich bei dem Patienten um einen über 160 Kilometer langen, bis zu annähernd 100 Kilometer breiten, aber nur höchstens 20 Zentimeter tiefen (Gras-)Fluss. Mit kaum wahrnehmbarer Fließgeschwindigkeit pflegte dieser vom Lake Okeechobee im Norden in die Florida Bay im Süden zu fließen. Niederschlagsmengen von bis zu 150 Zentimeter jährlich sorgten dafür, dass die Marschen monatelang unter Wasser standen. So entstanden Lebensräume für Wasservögel, Fische und Kleinstlebewesen. Otter, Waschbären, Panther und Bären streiften durch den „Fluss aus Gras", wie ihn die Indianer nannten, in den Mangrovenwäldern schwammen Manatees (siehe dazu auch unser Special auf S. 51).

Doch das ist Vergangenheit. Die Tierpopulationen gingen drastisch zurück; einige Arten, vor allem Florida-Panther und Manatee, sind vom Aus-

Betörend schön: Aus der Luft betrachtet wirkt die subtropische Marschlandschaft der Everglades wie ein Gemälde.

„Es gibt keine anderen
Everglades auf der Welt."

Marjory Stoneman Douglas, „The Everglades:
River of Grass", 1947

Oben: Ranger erklären den Besuchern im Big Cypress Swamp Welcome Center die Wunder der Natur. Unten: Zum Artenreichtum der Fauna in den Everglades gehört der Rosalöffler (Platalea ajaja), ein Schreitvogel aus der Familie der Ibisvögel. Rechte Seite: Westlich schließt sich an die Everglades ein ausgedehnter Sumpfzypressenwald an.

sterben bedroht. Mit einem riesigen Geflecht aus Pumpen und Kanälen werden die Everglades seit dem frühen 20. Jahrhundert systematisch entwässert, um Farmland für Zuckerrohr sowie Bauland für die wachsende Bevölkerung zu schaffen. Inzwischen hat man weit über die Hälfte der Everglades trockengelegt. Der Wasserspender Lake Okeechobee ist eingedeicht, das Wasser für die Sümpfe kommt nun aus Pumpstationen und ist nie genug. Zwar weist die Zuckerrohrindustrie darauf hin, dass die von ihr angelegten Reinigungszonen – dort bauen Wasserpflanzen u. a. den schädlichen Phospordünger ab – sauberes Wasser in die Everglades leiten. Dennoch erreichen große Mengen von Schadstoffen die Florida Bay und lassen dort Algen wuchern. Zudem fließt Regenwasser ungenutzt in Kanälen in die flache Bay und verändert dort den Salzgehalt.

Ein Test für die Zukunft der Erde

Ob die Everglades überhaupt noch eine Zukunft haben, bleibt abzuwarten. Der Patient hängt am Tropf, sein Puls ist kaum noch wahrnehmbar. Zum Wasserproblem kommen periodisch wiederkehrende Dürren, Hurrikane und Flächenbrände – von den Fehlentscheidungen der Politiker und vom Lobbyisten-Gerangel ganz zu schweigen. Der zur Jahrtausendwende ratifizierte Everglades Restoration Plan, nach dem bislang ungenutzt dem Meer zufließendes Süßwasser in die Everglades umgeleitet werden soll, wurde auf 30 Jahre angelegt. Viele Floridians sehen im Kampf um die Everglades einen Test. Wenn wir, sagen sie, diesen bestehen, dürfen wir den Planeten behalten …

Auf einen Blick

• Der im Jahr 1947 gegründete, rund 6100 km² große Nationalpark ist das einzige subtropische Schutzgebiet Nordamerikas. Es umfasst den südlichen Teil der Everglades – eine Überschwemmungslandschaft, in der sich im Wechselspiel von Feucht- und Trockenzeit höchst differenzierte Biotope bildeten: Lebensraum für rund 1000 Pflanzen- und etwa 800 Tierarten, darunter zahlreiche höchst seltene und vom Aussterben bedrohte.

• Gefährdet wird die Biodiversität durch Umweltverschmutzung, den wachsenden Trinkwasserverbrauch der benachbarten Städte, Landwirtschaft und Fischfang. Die UNESCO setzte den Park auf ihre Liste des gefährdeten Welterbes.

INFOS & EMPFEHLUNGEN   AN DER GOLFKÜSTE

Stadt, Strand, Land

Die Strände am Golf von Mexiko sind alle vom Feinsten. Und während die Städte mit wohldosierter Kunst und Kultur aufwarten, locken landeinwärts mit den Everglades und anderen Wildnisgebieten sehenswerte Attraktionen des „alten Florida".

❶ Tampa

Die 385 000-Einwohnerstadt hat es beim Gerangel um Touristen in der Bay Area nicht leicht. Dabei gibt es selbst in dieser nüchternen Hafenstadt einiges zu sehen.

SEHENSWERT/MUSEEN

Der Tampa Riverwalk (www.thetampariverwalk.com) ist eine von Parks, Bistros und Essstuben gesäumte Promenade am Hillsborough River in der Downtown. Das hervorragende **Florida Aquarium** (701 Channelside Dr., tgl. 9.30–17.00 Uhr, Eintritt 27,95 $) bietet auch ein „Swim with the Fishes"-Programm. Griechisch-römische Klassik sowie Mixed-Media-Kunst präsentiert das **Tampa Museum of Art** (120 Gasparilla Plaza, Mo.–Mi., Fr.–So. 10.00–17.00, Do bis 20.00 Uhr, Eintritt 15 $). Spannend in Szene gesetzt ist das **Tampa Bay History Center** (801 Old Water St., tgl. 10.00–17.00 Uhr, Eintritt 14,95 $). Ein Auto braucht man zur Erkundung des 1886 vom Zigarrenfabrikanten Vicente Martinez Ybor gegründeten Industrieviertels **Ybor City** im Norden von Downtown. Bis heute lateinamerikanisch geprägt ist die 7th Ave. mit ihren Restaurants und Straßencafés.

INFORMATION
Tampa Bay CVB, 201 N. Franklin St., Tampa
Tel. 813 223 2752, www.visittampabay.com

❷–❸ St. Petersburg & Clearwater

Die Hauptattraktionen von ❷ **St. Petersburg** (260 000 Ew.) sind drei am Ufer der Tampa Bay beieinander stehende Kunstschreine der Extra-Klasse. Zu den Stränden von ❸ **Clearwater** (113 000 Ew.) braucht man gut 30 Autominuten.

SEHENSWERT/MUSEEN

Dem **St. Petersburg Museum of Fine Arts** (255 Beach Dr., Mo.–Sa. 10.00–17.00, Do. 10.00 bis 20.00, So. 12.00–17.00 Uhr, Eintritt 17 $) gelingt ein mutiger Rundumschlag durch das Kunstschaffen mehrerer Jahrhunderte und auf mehreren Kontinenten. „Stairways to Heaven" von Led Zeppelin erklingt, wenn man **The Dalí TOPZIEL** (1 Dali Blvd., tgl. 10.00–17.30, Do. bis 20.00, So. ab 12.00 Uhr, Eintritt 24 $) betritt, den Salvador Dalí geweihten Kunsttempel. Das modernistische Gebäude beherbergt die größte

Ganz oben: Blick auf das Don Cesar Beach Resort am St. Pete Beach bei St. Petersburg. Darunter: kubanische Zigarrendreherin in Ybor City (Tampa). Rechts: Nightclubbing in einer Bar in Clearwater

Sammlung seiner Werke außerhalb Europas: gut 100 Ölgemälde und über 1300 Skulpturen, Fotografien und Grafiken. Dazwischen wartet die **Chihuly Collection** (Morean Arts Center, 720 Central Ave., Mo.–Sa. 9.00–17.00, So. erst ab 12.00 Uhr, Eintritt 19,95 $), eine superb ausgeleuchtete Sammlung faszinierender Glasskulpturen des Glaskünstlers Dale Chihuly. 15 Autominuten südlich von Downtown liegt **Gulfport**, mit seinen 1960er-Jahre-Bungalows und überwucherten Gärten ein intaktes Fragment des alten Florida. Seit Künstler das Städtchen an der Boca Ciega Bay entdeckt haben, ziehen ihre Galerien, Ramschläden und schrägen Boutiquen an Beach und Share Blvd. immer mehr Besucher an.

STRÄNDE

Weißer Sand, aquamarinblaues Meer: Der **North Beach** im aus fünf Inseln bestehenden **Fort De Soto Park** (3500 Pinellas Byway, tgl. 9.00 bis Sonnenuntergang) am Ausgang der Tampa Bay ist fast perfekt. Zwischen hier und Clearwater im Norden gibt es weitere makellose Beaches, die Barrier-Island-Strände **St. Pete**, **Treasure** und **Madeira Beach**. Einsamer wird es nördlich von Clearwater: Am Strand des **Honeymoon Island State Park** (1 Causeway Blvd., tgl. 8.00 bis Sonnenuntergang, Eintritt 8 $ pro Auto, 4 $ pro Passagier) findet man stets ein stilles Plätzchen. Ebenfalls intim: der Palmenstrand im **Caladesi Island State Park** (1 Causeway Boulevard, tgl. 10.00–16.00 Uhr, Fähre-Ticket 14 $, www.caladesiferry.org).

RESTAURANTS/UNTERKUNFT

Das €€/€€€ **Birch & Vine** im schicken Boutiquehotel Birchwood (340 Beach Dr., St. Petersburg, Tel. 72 78 96-10 80) huldigt der saisonalen Küche mit Kreationen wie „Citrus Sesame Crusted Ahi Tuna". Französische Bistro-Cuisine an Tischen auf dem Bürgersteig gibt es im € **Cassis** (170 Beach Dr., St. Petersburg, Tel. 72 78 27-29 27). Hummer Ravioli, frisches Seafood und die besten Crab Cakes der Stadt serviert das €/€€ **Backfin Blue Café** (2913 Beach Blvd. S, Tel. 727 343 2583), ein gut besuchter Nachbarschaftstreff. Grillhühnchen am Strand gibt es in € **Frenchy's Rockaway Grill** (7 Rockaway St., Tel. 72 74 46-48 44) direkt am Clearwater

INFOS & EMPFEHLUNGEN

Beach. Das luxuriöse €€€€ **Sandpearl Resort** (500 Mandalay Ave., Clearwater Beach, Tel. 72 74 41-24 25, www.sandpearl. com) ist die erste Adresse am Strand von Clearwater. Schlafen kann man im gemütlichen €€ **Sea Breeze Manor** (5701 Shore Blvd., Gulfport, Tel. 72 73 43- 44 45, www. seabreezemanor.com) mit Blick auf die Bay.

INFORMATION
St. Petersburg Area Chamber of Commerce 100 2nd Ave. N, St. Petersburg, Tel. 72 78 21-40 69, www.stpete.com

Sarasota

Die schöne 55 000-Einwohner-Stadt am Südende der Sarasota Bay ist als Basis für die Erkundung der Tampa Bay Area ideal.

SEHENSWERT/MUSEEN
Der **Ringling Museum Complex** TOPZIEL (tgl. 10.00–17.00, Do. bis 20.00 Uhr, Eintritt 25 $, www.ringling.org) liegt in einem weitläufigen Park an der Bay. Das **Museum of Art** beherbergt u.a. Sammlungen europäischer Wandteppiche und Gobelins aus dem 14. bis 18. Jh. Alte Meister zieren die Wände von **Ca' d'Zan**, dem venezianischen Palast der Ringlings. Das **Circus Museum** zeigt u.a. die oft handgearbeiteten Zirkusartefakte der fahrenden Ringling-Brüder.

RESTAURANT/UNTERKUNFT
Im € **Owen's Fish Camp** (516 Burns Lane, Tel. 941 951 6936) im alten Teil Sarasotas gibt's traditionelle Southern Cuisine, italienisch angehaucht. Direkt am Strand von Lido Key ist das €€/€€€ **Sandcastle Resort** (1540 Ben Franklin Dr., Tel. 94 13 88-21 81, www.sandcastlelidobeach.com), eine motelähnliche Unterkunft (Zimmer mit Meeresblick, Pool, Bar, Restaurant).

UMGEBUNG
Einer Zeitreise in ein Florida vor der Ankunft der Europäer gleicht der Besuch des **Myakka River State Park** TOPZIEL (13208 SR 72, tgl. 8.00 bis Sonnenuntergang, Eintritt 6 $ pro Auto, 4 $ pro Passagier) landeinwärts.

INFORMATION
Visit Sarasota, 1777 Main Street, Sarasota Tel. 94 19 55-09 91, www.visitsarasota.org

⑤ Sanibel & Captiva

Sanibel, via Damm und Brücke mit Fort Myers verbunden, ist ein Inselparadies. Am längs durch die Insel führenden Periwinkle Way (später: Sanibel Captiva Rd.) liegen die Sehenswürdigkeiten. Das 21 km² große **J.N. „Ding" Darling National Wildlife Refuge** TOPZIEL (1 Wildlife Drive, tgl. außer Fr., Eintritt 5 $ pro Auto) rechts der Straße

Heimwerkstatt im ehemaligen Winterwohnsitz des Erfinders: Edisons Labor in Fort Myers gehört zu den Hauptattraktionen der Stadt.

schützt weitgehend unberührte Mangrovenwälder. Geführte Kajaktouren (www.tarponbayexplorers.com) machen diese magische Welt auch für Kajaknovizen erlebbar. Links der Straße führen Abfahrten zwischen versteckt gelegenen Villen zu einigen der schönsten Strände am Golf, allen voran der schier endlose **Bowman's Beach**. Das **Bailey-Matthews National Shell Museum** (3075 Sanibel-Captiva Rd., tgl. 10.00–17.00, Eintritt 15 $) und Workshops wie **She sells Sea Shells** (1157 Periwinkle Way, tgl.) erinnern an den immensen Muschelreichtum der Strände. Am Ende geht es über die Blind Pass Bridge nach **Captiva**. Auch der kleinere Nachbar hat schöne Strände und ist Start- und Zielort für Tagestouren nach Cabbage Key (siehe: Umgebung).

RESTAURANT/UNTERKUNFT
Das €€/€€€ **Tween Waters Island Resort** (15951 Captiva Dr., Tel. 23 94 72-51 61, www.tween-waters.com) auf Captiva ist ein gepflegtes Strandhotel mit Restaurant und Zimmern mit Meeresblick. Fisch, Seafood und Steaks gibt's im €/€€ **The Island Cow** (2163 Periwinkle Way, Sanibel, Tel. 23 94 72- 06 06), einem Badeschlappen-Restaurant in Strandnähe.

UMGEBUNG
Insel-Romantik bietet **Cabbage Key**. Die winzige Insel liegt nördlich von Captiva und ist berühmt für ihr in den 1940er-Jahren gebautes €€/€€€ **Cabbage Key Inn & Restaurant** (www.cabbage-key.com). Wände und Decken des Gasthauses, das Florida-Troubadour Jimmy Buffet zu dem Hit „Cheeseburger in Paradise" inspiriert haben soll, wurden von Gästen im Lauf der Jahrzehnte mit Dollarnoten im Wert von mehr als 70 000 Dollar tapeziert (Anfahrt: Captiva Cruises, McCarthy's Marina im South Seas Island Resort, Tel. 23 94 72-53 00, www.captivacruises.com).

⑥ Fort Myers

Galerien, Straßencafés und gute Restaurants in der Altstadt zeigen, dass es die 80 000-Einwohner-Stadt am Caloosahatchee River mit ihren reicheren Nachbarn aufnehmen will.

SEHENSWERT/MUSEUM
Erfinder Thomas Alva Edison und Autobauer Henry Ford pflegten hier als Nachbarn zu überwintern. Ihre Häuser am Flussufer, mitsamt Pool und Laboratorium, gehören heute als **Edison & Ford Winter Estates** (2350 McGregor Blvd., tgl. 9.00–17.30 Uhr, versch. gef. Touren ab 25 €) zu den größten Attraktionen Südwest-Floridas. Ein Museum präsentiert Leben und Werk des Erfinders, der die Welt veränderte; Führungen durch sein Haus und das Labor vermitteln Einblicke in seine Geisteswelt. 15 Autominuten entfernt kann man im **Lee County Manatee Park** (10901 State Rd. 80, März–Dez. 9.00–16.00 Uhr) Manatees beobachten, die im warmen Wasser des Orange River überwintern.

RESTAURANTS/UNTERKUNFT
Büroangestellte und Touristen kehren gern im € **Ford's Garage** (2207 1st St., Tel. 23 93 32-36 73, www.fordsgaragefl.com) ein, einem gekonnt auf alte Autowerkstatt getrimmten Steak- und Burgerrestaurant in der Altstadt. Für die Nacht sollte man das nahe Fr. Myers Beach auf Estero Island wählen und dort in einem der bezahlbaren Strandresorts übernachten. Das €€ **Outrigger Beach Resort** (6200 Estero Blvd., Tel. 23 94 63-31 31, www.outriggerfmb.com), ein nüchterner Hotelkasten, punktet mit breitem Sandstrand und Palmenhainen. Stilecht Essengehen kann man in Fort Myers Beach im € **Nervous Nellie's** (1131 1st St., Tel. 23 94 63-80 77, www.nervousnellies.net), einem karibisch aufgepeppten Burger-und-Seafood-Joint im alten Baywalk District.

INFORMATION
Lee County Visitor & Convention Bureau 2201 2nd St., Fr. Myers, Tel. 23 93 38-35 00, www.leevcb.com

---

Tipp

Künstler-Insel

Tropisch bunt, zeitgemäß und ganz bestimmt nicht von der Stange: In ihrem Workshop mit dem pinkfarbenen Dach malt Leoma Lovegrove, Patin und Sprecherin der Künstler von Matlacha (einer der fünf Gemeinden auf der westlich von Fort Myers gelegenen Pine Island), mit schwungvollen Pinselstrichen und bloßen Händen.

WEITERE INFORMATIONEN
4637 Pine Island Rd. NW Matlacha, Tel. 23 99 38-56 55
www.leomalovegrove.com

Ford's Garage ist ein gekonnt auf alte Autowerkstatt getrimmtes Restaurant in Fort Myers.

7 Naples

Das 22 000-Einwohner-Seebad am Golf von Mexiko gilt als schläfrige Enklave privilegierter Senioren. Am Stadtrand haben sich aber auch dynamische High-Tech-Firmen angesiedelt.

SEHENSWERT/MUSEEN
Der breite **Vanderbilt Beach** mit dem **Ritz-Carlton Beach Resort** wird von jungen Leuten bevorzugt. Am Nordrand von Naples bietet der **Delnor-Wiggins Pass State Park** Grill- und Paddelmöglichkeiten. Hauptattraktion des schönen, mit Umkleidekabinen ausgestatteten **Naples City Beach** ist die für Delfinbeobachtung und Sonnenuntergänge berühmte Naples Pier am Ende der 12th Ave. S. Ein Muss ist auch das mit Plankenwegen durch ursprüngliche Marsch- und Sumpflandschaft ausgestattete **Conservancy of Southwest Florida** (1495 Smith Preserve Way, Mo.–Sa. 9.00–16.00 Uhr, Eintritt 14,95 $). Für Kunstinteressierte gibt es das **Baker Museum of Art** (5833 Pelican Bay Blvd., Di. 10.00–20.00, Mi.–Sa. 10.00–16.00, So. 12.00–16.00 Uhr, Eintritt 10 $) und das von der Naples Art Association (www.naplesart.org) betriebene **Von Liebig Art Center** (585 Park St., Mo.–Sa. 10.00–16.00 Uhr, Eintritt frei).

INFORMATION
Greater Naples Chamber of Commerce, 2390 Tamiami Trail N., Tel. 23 92 62-63 76, www.napleschamber.org

8 Everglades

Auf dem als Tamiami Trail bekannten Hwy. 41 von Miami nach Naples erhält man einen guten ersten Eindruck von den **Everglades TOPZIEL**. Am **Shark Valley Visitor Center** startet die **Tram Tour** mehrmals täglich zu informativen Exkursionen durch das von Alligatoren und Watvögeln bewohnte Feuchtgebiet. Die **Big Cypress Gallery** (http://clydebutcher.com) beherbergt die wunderbaren Evergladesbilder des Fotografen Clyde Butcher. Hinter der Galerie kann man in zwei gemütlichen €€€ **Cottages** übernachten. Fototermin im Weiler **Ochopee**: Hier steht das kleinste Postamt der USA! Das 400-Seelen-Nest **Everglades City** am Westende der Straße bietet mit dem **Gulf Visitor Center** (815 Oyster Bar Lane, April bis Nov. tgl. 9.00–16.30, sonst ab 8.00 Uhr), dem der Besiedlung der Sümpfe gewidmeten **Everglades Museum** (105 W. Broadway, Mo.–Sa. 9.00–16.00, Eintritt kl. Spende) sowie den **Everglades Adventures** (siehe DuMont Aktiv, rechts) gute Gründe für einen längeren Aufenthalt. Praktisch: Der Touranbieter residiert im familiären €€ **Ivey House** B&B (107 Camellia St., Tel. 23 96 95-32 99, www.iveyhouse.com), einer angenehm tropisch-entspannten Herberge mit Restaurant und Pool.

INFORMATION
Everglades National Park, 40001 SR 9336 Homestead, Tel. 30 52 42-77 00, www.nps.gov/ever

---

AN DER GOLFKÜSTE
62 – 63

Genießen · Erleben · Erfahren

Alligatoren bei Nacht

DuMont Aktiv

Alligatoren sind keine Kuscheltiere. Doch in den Everglades kann man sich den über vier Meter langen, bis zu 450 Kilo schweren Echsen mit erfahrenen Guides nähern; sogar nachts im Kajak.

Glucksend zieht das Paddel durchs dunkle Brackwasser. Der pastellfarbene Abendhimmel verschwindet unter dem dichten Dach der Mangroven. Der Bug des Kajaks zeigt auf eine schmale Öffnung im Dickicht, und bald gleitet man auf einem engen Kanal durch eine fremde Welt, deren stille Meditation nur hin und wieder vom Flügelschlag eines aufgestörten Kranichs gestört wird.

Sümpfe, Marschen, Seen, Süßwasser: Das ist der perfekte Lebensraum für Alligatoren, die in Florida schlicht „Gators" genannt werden. Mitte der 1960er-Jahre waren sie hier fast ausgestorben – Alligatorfarmen sicherten ihr Überleben.

Dunkelheit senkt sich über die Mangroven, der Guide schaltet die Kopflampe ein. Der Kanal ist nun zu eng zum Paddeln. An Ästen und Zweigen zieht man sich schweigend voran, den Guide nicht aus den Augen lassend. In der Dunkelheit erkennt man Alligatoren an ihren im Lampenschein rubinrot leuchtenden Augen, sagte man uns zuvor. Wir sollten zusammenbleiben und keine schnellen Bewegungen machen, hieß es zudem. Besorgt schweift der Blick nach rechts und links, und tatsächlich: Drei, vier, acht, zehn Augenpaare verfolgen unser Treiben. Die Nähe der Echsen ist körperlich fühlbar. Respektvollen Sicherheitsabstand wahrend, paddeln wir vorsichtig an ihnen vorbei. Zurück auf offenem Wasser sind wir zugleich erleichtert und fasziniert. Ob die Alligatoren dieses Gefühl teilen?

Weitere Informationen

Auf geführten Paddeltouren lassen sich die Sümpfe und Mangrovendschungel der Everglades am besten erforschen.

Ein guter Anbieter ist **Everglades Adventures** (107 Camellia Street, Everglades City, Tel. 23 96 95-32 99, https://iveyhouse.com/everglades-adventures).

Auf vierstündigen Touren bringen die Guides Gruppen bis zu zwölf Teilnehmern zu den schönsten Stellen.

Ebenfalls empfehlenswert: **Everglades Area Tours** (238 Mamie Street, Chokoloskee, Tel. 23 96 95-36 33, www.evergladesareatours.com).

Solange die Füße tragen

Amerikas Leidenschaft für Vergnügungsparks ist ungebrochen. Allein die Parks in Orlando, 2017 mit über 72 Millionen Besuchern die Spaßhauptstadt der Welt, verzeichnen immer wieder Rekordumsätze. Nur eines schafft man hier garantiert nicht: sich zu erholen. Aber wem der Trubel zu bunt wird, der macht einfach einen Ausflug nach Cape Canaveral, um das legendäre Kennedy Space Center zu besichtigen, den berühmtesten Weltraumbahnhof der Welt.

Universal Orlando ist ein Unterhaltungs-Imperium mit Theme Parks, Rides, Shows, Events, Nightlife, Dining, Shopping, Hotels …

Magic Kingdom: Parade im ältesten der vier Themenparks des Walt Disney World Resorts

Animal Kingdom ist der größte Disney-Themenpark der Welt. Hier wurde ein Lebensraum geschaffen, der dem ursprünglichen der Tiere sehr nahe kommt.

Sechs „Länder" mit rund 60 Attraktionen durchquert man in Disneys Magic Kingdom.

Wahrzeichen des „Magischen Königreichs" ist das dem bayerischen Schloss Neuschwanstein nachempfundene Cinderella Castle.

> „Träume gehen am schnellsten in Erfüllung, wenn man aufwacht."
>
> Walt Disney (1901–1966)

Der „happiest place on earth" liegt gut 30 Kilometer südwestlich von Orlando. Der Weg dorthin führt durch tristes Vorstadteinerlei, doch sobald man die Interstate verlässt und auf den Buena Vista Drive abbiegt, ändert sich das. Teiche und Wälder tauchen auf, ihre kräftigen Grüns und Blaus beruhigen das vom bleichen Beige gepeinigte Gemüt. Hin und wieder tauchen schmucke Gebäude auf, Disney-Hotels, Disney-Resorts, Golfplätze. Sogar eine Disney-Autorennbahn gibt es. Gleich hinter dieser lässt man den Wagen auf einem Parkplatz von der Größe Rhode Islands stehen, setzt sich in einen Bummelzug, der einen bis zur Monorail bringt, und Sekunden später saust man durch eine perfekt geschniegelte Welt aus Seen, Lagunen und makellosen Ferienanlagen auf das berühmte, hoch über die Wälder aufragende Cinderella Castle zu. Wenn man dann an den Pforten zum Magic Kingdom aussteigt, sind die Realität „da draußen" und die Fantasie „hier drinnen" schon zu einer verwirrenden Collage zusammengeflossen. Mütter und Väter, das Gewühl auf der trichterförmig auf die Kassenschalter zulaufenden Plaza ist beträchtlich, halten den aufgeregten Nachwuchs nun mit scharfen Kommandos dicht zusammen. Durch die Drehkreuze noch, dann ist man endlich im Magischen Königreich, dem ältesten der vier Themenparks im Walt Disney World Resort. Tinkerbell und die Sieben Zwerge flanieren über die Main Street USA, Pulks kreischender Kinder im Schlepptau. Minnie und Micky Maus posieren für Twitterbilder, Frischvermählte vor dem Cinderella Castle. Der Geruch von Popcorn und Zuckerwatte liegt in der Luft. Sechs „Länder" gilt es im Magic Kingdom zu erforschen. Main Street USA, Liberty Square, Adventureland, Frontierland, Fantasyland und Tomorrowland. Spätestens jetzt zeigt sich, aus welchem Holz der (erwachsene) Besucher geschnitzt ist. Wird er vor der Flut der Eindrücke kapitulieren und gleich die erstbeste Bank ansteuern? Oder nimmt er die Herausforderung an und macht sich mit den kaum noch zu haltenden Junioren auf den Weg?

Crisis? What Crisis?

Acht der 20 Top-Themenparks Nordamerikas liegen in Florida, hinzu kommen drei der 20 besten Wasserparks der Welt. Die meisten davon befinden sich wiederum in Orlando. Sie sind die größten Arbeitgeber des Bundesstaats: Das Walt Disney World Resort allein beschäftigt auf seinen 100 Quadratkilometern Fläche mehr als 60 000 Angestellte. Das Geschäft mit dem Verkauf perfekt organi-

Vergnügen über und unter Wasser bietet SeaWorld Orlando. Dazu gehören Becken für Seelöwen (oben) und Delfine (unten links/rechts). Einen faszinierenden Einblick in die Tiefen des Ozeans mit Haien und Barrakudas gewährt der Shark Encounter (oben rechts).

sierter sorgenfreier Fantasiewelten läuft, als hätte es niemals eine Finanzkrise gegeben. Anders als die Kasino- und Unterbringungsindustrie, die sich erst mühsam von den Folgen der Finanzkrise 2008 erholt, machten Orlandos Themenparks zuletzt rekordbrechende 13,4 Milliarden US-Dollar Umsatz. Nicht schlecht für eine Industrie, deren Ware ausschließlich Unterhaltung ist.

Der Harry-Potter-Effekt

Wirtschaftsexperten erklären diesen Erfolg zum Teil mit dem Harry-Potter-Effekt. Nachdem Universals Vergnügungspark Islands of Adventure „The Wizarding World of Harry Potter" als neuen Themenbereich eröffnete, stiegen die Besucherzahlen um 66 Prozent auf fast acht

Mit Harry Potter stiegen die Besucherzahlen um 66 Prozent auf fast acht Millionen im Jahr.

Millionen pro Jahr. Die Rechnung, in wirtschaftlich trüben Zeiten eine auf der erfolgreichsten Buchserie aller Zeiten basierende Fantasiewelt anzubieten, ging so spektakulär auf, dass Harry Potters Zauberwelt sogar noch um den Bereich Diagon Alley erweitert wurde.

Auch Disney rüstet mithilfe erfolgreicher Kinocharaktere wie den Pixarfiguren auf. Innerhalb von nur vier Jahren wurden über neun Milliarden US-Dollar in den Ausbau von Walt Disney World's Fantasyland investiert.

Moderne Mega-Parks

Mit Walt Disney World, Universal Orlando und SeaWorld sowie ihren jeweiligen Themenbereichen gibt es allein in Orlando ein Dutzend moderner Mega-Parks. Hinzu kommen, oft als durchaus charmante Alternative, kleinere Parks wie der Alligatorenpark Gatorland (siehe „Unsere Favoriten", S.74/75). Es gibt Achterbahnen, Wasserrutschen, Spukschlös-

Universal Orlando ist ein Ableger der Universal Studios in Hollywood. Mit dem Harry Potter gewidmeten Themenbereich konnten die Besucherzahlen deutlich erhöht werden.

Der Hogwarts-Express bezaubert Harry-Potter-Fans auch hier in Orlando.

Stein für Stein wurden auf dem Universalgelände Straßenzüge von Hollywood, San Francisco, New York oder hier am Montmartre in Paris neu in Szene gesetzt.

Täuschend echt wirken die Kulissen auf dem Universalgelände. Ob Al Capone gerade hier im Diner sein Chicken Sandwich verspeist, bevor er sich im stylischen Cadillac zu neuen Tat(ort)en fahren lässt?

Special

Walt Disney (1901–1966)

Der Mann hinter der Maus

Über den Vater der Micky Maus wurde schon viel geschrieben. Doch wer war Walt Disney wirklich?
In der Filmbiografie „Saving Mr. Banks" gibt es Szenen, die Walt Disney (gespielt von Tom Hanks) beim Rauchen, Trinken und Fluchen zeigen – Hinweise darauf, dass der Mann, der sich stets als netter „Uncle Walt" präsentierte, auch seine nicht ganz so netten Seiten hatte. Walt Disney revolutionierte die Trickfilmtechnik und nutzte das Fernsehen, um Disneyland, seinen ersten Vergnügungspark, weltberühmt zu machen. Mit Disney World wollte er seine Visionen ohne Raumprobleme verwirklichen, erlebte aber die Eröffnung (1971) nicht mehr.

Nach seinem Tod suchten viele Biografen den Mann hinter der Maus zu ergründen. Disney wurde Rassismus und Antisemitismus vorgeworfen; man bezichtigte ihn des wildesten Manchester-Kapitalismus – weil er mit den Gewerkschaften liebäugelnde

„Mit einer Maus fing alles an." (Walt Disney)

Angestellten schon mal von bewaffneten Sicherheitskräften bedrohen ließ. Neuere Disney-Deuter beschreiben seinen Charakter etwas vorsichtiger als „komplex". Ihnen zufolge war der mit rassistischen Vorurteilen aufgewachsene Walter Elias Disney ein typisches Produkt seiner Zeit. Als Erwachsener habe er versucht, seine Vorurteile abzulegen. Man darf also auf die nächsten Biografien gespannt sein.

ser, Wildwest-Forts, afrikanische Savannen mit Zebras und Giraffen, Lagunen mit Delfinen, Aquarien mit Haien und Sümpfe mit Alligatoren. Man findet Spaßbäder mit Stromschnellen und Wellenbäder mit Sandstränden, mitreißende Shows verschiedenster Art und die unterschiedlichsten artistischen Darbietungen. Wer ein paar Tage bleibt, gewöhnt sich schnell an diese Welt, in der viel gelächelt wird und Heerscharen dienstbarer Geister Straßen, Plätze und Fahrgeschäfte rund um die Uhr blitzsauber halten.

Jenseits des schönen Scheins

Dagegen wirkt ein Abstecher in das echte, das wirkliche Orlando eher bedrückend. Zwar hat die Innenstadt rund um die Church Street, ein enges Rechteck aus dunklen Häuserschluchten, ein paar Kneipen- und Restaurantstraßen. Auch bietet das Regional History Center ein interessantes Museum zur Stadtgeschichte der letzten 50 Jahre, als Disney hierher kam und bald danach in der Kleinstadt mit 50 000 Einwohnern nichts mehr so war wie vorher. Doch die Menschen hier lächeln nicht so viel. Sie hasten zur Arbeit oder nach Hause, warten ungeduldig an roten Ampeln und rangeln sich an den Auffahrten zur Interstate, die das Stadtzentrum durchquert, wild hupend um die Poleposition.

Im Kennedy Space Center wird die Geschichte der US-amerikanischen Raumfahrt in verschiedenen Ausstellungsgebäuden anschaulich präsentiert.

Die Erde hat sie wieder: Landekapsel des Apollo-Programms im Kennedy Space Center

Der Küstenabschnitt bei Cape Canaveral wird auch „Space Coast" genannt.

Am 1. Oktober 1958 wurde die „National Aeronautics and Space Administration" (NASA) gegründet, eine Organisation zur Erforschung des Weltraums für friedliche Zwecke. „Apollo 11", die erste Mondexpedition, wurde vom Komplex 39 auf dem Cape Canaveral benachbarten Merritt Island gestartet, seit 1964 ständige Heimat des Kennedy Space Center.

Die Meerjungfrauen in Weeki Wachee Springs (S. 74) haben immer wieder neue Choreografien parat – und sie sind das ganze Jahr über zu bewundern.

Allerdings täte man dem realen Orlando Unrecht, reduzierte man es nur auf kalte Düsternis. Schließlich gibt es im nordöstlich sich anschließenden Orange County auch eine Gemeinde, Winter Park, die noch aus der Zeit stammt, als Rancher und Orangenbauern die Stadt soeben gegründet und die Industriellen der Ostküste sie als Sommerfrische entdeckt hatten. Rund um die Seen Osceola, Maitland, Sylvan und Virginia bauten sie sich herrliche Villen, vor neugierigen Blicken durch Mauern wuchernder Zypressen und Rhododendren geschützt. Die größeren Straßen von Winter Park säumen Museen und Kunstgalerien, nicht Supermärkte und Verwaltungsgebäude, und an der Park Avenue liegen die teuren Juweliere, Gourmettheken, Hündchenausstatter, Cocktaillounges und Kaffeeparadiese mit Option zum People Watching. Hier gibt es den Nespresso, den man im Magic Kingdom vielleicht vermisst hat, hier lächeln die Menschen wieder mehr. Sie können es sich leisten, und das müssen sie auch – billig ist das Leben hier nicht.

Alle Macht der Fantasie
Auf den ersten Blick haben Orlandos Themenparks und das östlich davon auf Cape Canaveral gelegene Kennedy Space Center wenig miteinander zu tun. Auf den zweiten Blick gibt es als gemeinsames Band die Macht (und Kraft) der Fantasie, die den einen dazu verleitet, sich (und uns) ein Magisches Königreich zu errichten, und andere dazu, die unendlichen Weiten des Alls zu erforschen. „Abheben" kann man hier wie dort, mindestens im übertragenen Sinne. Zwar wurde der Betrieb im Weltraumbahnhof mit der letzten Landung des Space Shuttles „Atlantis" am 21. Juli 2011 eingestellt, doch das John F. Kennedy Space Center, eine weitläufige Ansammlung flacher weißer Gebäude mit Grünanlagen und zwei künstlichen Lagunen, ist vielleicht das interessanteste Besucherzentrum der Vereinigten Staaten. Die Hangars und Abschussrampen auf Cape Canaveral dokumentieren die Sehnsucht des Menschen nach neuen Herausforderungen. Sich diesen zu stellen, dafür braucht es nur ein bisschen Fantasie …

UNSERE FAVORITEN

Alternative Vergnügungsparks

Fun, fun, fun

Floridas Themenparks sind eine milliardenschwere Industrie, in der nichts dem Zufall überlassen wird. Klar ist: In die großen Mega-Parks wollen alle. Aber Floridas Fun Factory kennt auch charmante Alternativen – etwa, weil sie auf jeglichen Kitsch verzichten, oder weil sie als Retro-Spaßstätten wie Grüße aus einer anderen, langsamer tickenden Zeit wirken.

1 Weeki Wachee Springs, Spring Hill

Der speckige Vorhang öffnet sich, eine blaue Unterwasserwelt erscheint. „Es war einmal", knarzt eine Stimme im Lautsprecher, und zu kratziger Schmalzmusik tauchen drei Meerjungfrauen aus der Tiefe auf, an Sauerstoffschläuchen knabbernd und durch das Glas dem Publikum zuwinkend. Es folgt ein naives, zugleich unwiderstehlich charmantes Spektakel. Gegeben wird Andersens „Die kleine Meerjungfrau", und zwar schon seit dem Jahr 1947. Das Wasser im Quellteich von Weeki Wachee Springs ist glasklar, die Nixen schwimmen in einem der vielen Quellteiche Nordfloridas. Weitere Weekie-Wachee-Attraktionen: ein Wasserpark namens Buccaneer Bay und romantische Bootsfahrten auf dem Weekie Wachi River.

6131 Commercial Way, tgl. 9.00–17.30 Uhr, 13 $, www.weekiwachee.com

2 Busch Gardens, Tampa Bay

Thema Afrika, die romantische Version. Hier streifen Gnus und Giraffen durch eine stilisierte Serengeti, lassen sich Gorillas im Regenwald beobachten und Kängurus in einem australischen Outpost füttern. Die zweite große Attraktion des Parks sind die Achterbahnen: Der berüchtigte Sheikra ist ein so genannter Dive Coaster, bei dem man kurzzeitig in den „Genuss" des freien Falls kommt. Montu, Gwazi und Kumba haben inzwischen Legendenstatus.

10165 McKinley Drive, Tagestickets (1 Park) ab 79 $, tgl. 10.00–18.00 Uhr, www.seaworldparks.com

3 Gatorland, Orlando

Was wäre eine Floridareise ohne den Besuch eines Alligatorparks? In Gatorland im Süden von Orlando kann man sich die Fütterungen ansehen, bei denen die vier Meter langen Echsen zu begeisterten "Wouuwws" aus dem Publikum meterhoch aus dem Wasser schnellen. Schöne Bohlenwege durch tropische, von exotischen Vögeln bevölkerte Sumpfbiotope runden den Besuch in diesem ebenfalls sympathisch alternden Themenpark ab.

14501 S Orange Blossom Trail, tgl. 10.00–17.00 Uhr, 30 $, www.gatorland.com

4 Fun Spot America, Orlando

Hier geht es nur um eins: Spaß, und zwar ohne fantasieanregende Zusatzstoffe. Der in Familienbesitz befindliche Park in Orlando – ein Ableger befindet sich in Kissimmee – ist eine wüste Mischung aus ländlicher Dorfkirmes und anspruchsvollem Vergnügungspark. Im Gator Spot warten Alligatoren, die altmodischen Achterbahnen heißen hier Freedom Flyer und White Lightning, und mit Gokarts kann man über kurvenreiche Pisten brettern. Kurz: Spaß und Action nonstop!

5700 Fun Spot Way, Tel. 407-363-3867, Tagesticket 41 $, www.fun-spot.com

5 Legoland, Winter Haven

Der Park eine Stunde südwestlich von Orlando ist der zweitgrößte der Legoland-kette und wie seine „Geschwister" in Europa und Asien vor allem auf Familien mit Kindern bis zwölf Jahren eingestellt. In verschiedenen Themenbereichen mit Namen wie „Duplo Village" oder „Land of Adventure" warten rund 50 Attraktionen, darunter kindgerechte Achterbahnen, bunte Karussells und eine „Fahrschule" für Kinder.

1 Legoland Way,
tgl. 10.00–18.00 Uhr,
Tagesticket 75 $,
www.legoland.com/florida

6 ICON orlando 360

Orlandos neueste Atraktion ist schon von Weitem am 120 Meter durchmessenden Riesenrad „Orlando Eye" ausmachbar. Unmittelbare Nachbarn des Vergnügungsparks sind Walt Disney World, Sea World und Universal. ICON orlando 360 versteht sich als deren Ergänzung: Attraktionen werden individuell bezahlt, gute Restaurants und unterhaltsame Live- und Wassershows setzen schöne Kontrapunkte zum Vergnügungsstress bei den großen Nachbarn.

8375 International Drive, tgl. 9.00–17.00 Uhr,
https://iconorlando.com

7 Blizzard Beach, Orlando

Der acht Kilometer von Walt Disney World entfernte Wasserpark steht im Ruf, der rutschigste und aufregendste der USA zu sein. Tatsächlich bietet der Summit Plummit, ein 36 Meter hoher Turm, eine der schnellsten Wasserrutschen überhaupt: Die schnellsten Adrenalin-Junkies erreichten bereits fast 100 km/h! Neben vielen weiten Rutscharten werden auch kinderfreundliche Attraktionen angeboten …

1534 Blizzard Beach Dr.,
tgl. 10.00–20.00 Uhr,
Tagesticket 70 $,
https://disneyworld.disney.go.com/destinations/blizzard-beach

Alles, was Spaß macht – und die unergründlichen Tiefen des Alls

Nirgendwo sonst auf der Welt gibt es mehr Themenparks als in Florida. Nicht versäumen sollte man aber auch einen Besuch im legendären Kennedy Space Center auf Cape Canaveral.

❶–❾ Orlando

Es waren vor allem die guten Verkehrsanbindungen, die Orlando zum meistbesuchten Ferienziel der USA machten. Mitte der 1960er-Jahre beschloss Walt Disney deshalb, seine Visionen hier zu verwirklichen. Mit dem Magic Kingdom eröffnete 1971 der erste von vier Disney-Themenparks, 1973 kam mit SeaWorld der erste Meerestierpark dazu. 1990 folgte der erste von zwei Universal Themenparks. Heute gilt die 280 000-Einwohner-Stadt (Großraum: 2,5 Mio. Ew.) mit acht großen und über hundert kleineren Parks und Attraktionen als Entertainment-Hauptstadt der Welt.

WALT DISNEY WORLD

Walt Disney World **TOPZIEL** besteht aus vier Themenparks: Magic Kingdom, Epcot, Disney's Hollywood Studios und Animal Kingdom.

❶ **Magic Kingdom:** Groß und Klein kennen sein Wahrzeichen: Das dem bayerischen Neuschwanstein nachempfundene Cinderella Castle machte Walt Disney World weltberühmt. Das Märchenschloss „herrscht" über sechs „Länder" mit zusammen fast 60 Attraktionen, Shows und Fahrgeschäften für alle Altersgruppen. Eher auf Kinder zielen Karussells wie „The Magic Carpets of Aladdin". Teenager und Erwachsene bevorzugen die unverwüstliche „Big Thunder Mountain Railroad"-Achterbahn und das gruselige „Haunted Mansion". Nett animiert ist die Achterbahn „Seven Dwarfs Mine Train Coaster".

❷ **Animal Kingdom:** Dank seiner riesigen, natürliche Lebensräume nachstellenden Freigehege für Wildtiere aus Afrika und Asien ist dieser Themenpark der bei Weitem größte in Walt Disney World. Besonders beliebt sind die „Kilimanjaro Safaris" zum Großwild der ostafrikanischen Savanne und „Expedition Everest", eine haarsträubende Achterbahnfahrt durch den eisigen Himalaya.

❸ **Disney's Hollywood Studios:** Während Achterbahnen durch bekannte Filmkulissen rattern, werden dazwischen tatsächlich Filme gedreht: Dieser Park ist eine begeisternde Hommage an die Traumfabrik Hollywood. Die Fahrgeschäfte, besonders der rapide beschleunigende „Rock'n Roller Coaster" und die epische 3-D-Simulation „Star Tours – The Adventure Continue" durch die faszinierende Welt der Star-Wars-Filme, zielen auf Teenager und Erwachsene.

Epcot vereint – zumindest auf diesem Bild – genialen Forschergeist und eine bunt blühende Natur.

> **Tipp**
>
> ### Kühlung in der Lagune
>
> Eines der größten Wellenbäder der Welt, mit Wasserrutschen, Rafting und Tubing durch Stromschnellen und Tauchen mit echten Haifischen: In der **Typhoon Lagoon** bleibt, im wahrsten Sinne des Wortes, kein Augen trocken.
>
> **WEITERE INFORMATIONEN**
> Disney's Typhoon Lagoon Water Park, https://disneyworld.disney.go.com/en_GB/destinations/typhoon-lagoon/ tgl. 9.00–19.00 Uhr

❹ **Epcot:** Dieser Name steht für „Experimental Prototype Community of Tomorrow". In den beiden Themenbereichen Future World und World Showcase werden neue Technologien sowie fremde Länder und Kulturen vorgestellt. Beide spiegeln die Technikgläubigkeit Walt Disneys wider und wirken mitunter stark idealisiert. Zu den populärsten Attraktionen zählen der simulierte Marsflug „Mission: SPACE" und „Soarin'", bei dem man Kalifornien aus der Perspektive eines Hanggliders erlebt.

DISNEY'S WATER PARKS

Disneys Spaßbäder sind Wasserparks der Spitzenklasse. Die eher auf Familien ausgerichtete ❺ **Typhoon Lagoon** (siehe Tipp) bietet Wasserrutschen und Wellenbäder in einer gut inszenierten Südseewelt. Im 10 Autominuten südwestl. gelegenen **Blizzard Beach** (siehe „Unsere Favoriten", S. 74/75) können sich Schwimmer via „Summit Plummit" vom knapp 40 m hohen Mt. Gushmore stürzen und auch auf anderen Rutschen Adrenalinstöße genießen.

INFORMATION

Walt Disney World liegt westlich der I-4 im Südwesten von Downtown Orlando. Vier Ausfahrten – 64B, 65, 67 und 68 – führen zu den Parks. Die Öffnungszeiten variieren nach Park und Saison, bewegen sich aber im Kern zwischen 9.00 und 17.00 Uhr (im Sommer länger). Ein Tag im Magic Kingdom kostet

INFOS & EMPFEHLUNGEN

Oben links: am Strand des Nobelhotels Hyatt Regency Orlando. Oben rechts: Grüne Wildnis südlich von Orlando. Links: „The Wizarding World of Harry Potter" (Islands of Adventure, Universal Orlando)

97 $, in den übrigen 104 $. Je länger der Aufenthalt, desto preiswerter kommt umgerechnet auf den Tag das Ticket: Ein Vier-Tages-Ticket kostet 325 $. Wer sein Ticket online kauft (disneyworld.disney.go.com), spart Geld – und Zeit am Eingang. Mit dem Fastpass dürfen Warteschlangen passiert werden. Restaurants verschiedener Preiskategorien sorgen für das leibliche Wohl.

UNIVERSAL ORLANDO RESORT
Statt auf heile Welten setzt das **Universal Orlando Resort** auf Popkultur und Action. Dabei schöpft der Ableger der Universal Studios in Hollywood aus dem reichen Filmfundus der Traumfabrik. Universal Orlando besteht aus drei Themenparks: Universal Studios Florida, Islands of Adventure und CityWalk.
❻ **Universal Studios Florida:** Jeder Besuch dieses bunten, um eine Lagune herum gruppierten Ensembles aus Filmkulissen, Showbühnen und Zuckerwatte-Shops scheint neue Thrills zu bieten.
❼ **Islands of Adventure:** Der Park besteht aus sieben fantastische Abenteuer versprechenden Themenbereichen. Top-Attraktion ist „The Wizarding World of Harry Potter" mit verschiedenen HighTech-Shows. Zuletzt eröffneten die 3-D-Achterbahn „Harry Potter and the Escape from Gringotts" sowie die detailgetreu nachgebaute „Diagon Alley".
❽ **CityWalk:** Als Tor zu den beiden anderen Universal-Themenparks konzipiert, ist CityWalk ein weitläufiger, aus Promenaden, Geschäften, Restaurants, Bars und Nachtklubs bestehender Entertainment-Komplex.

INFORMATION
Das Universal Orlando Resort liegt westlich der I-4 auf halbem Weg zwischen Downtown Orlando und Walt Disney World. Die Ausfahrten 74 und 75 führen zum Resort. Täglich geöffnet, bewegen sich die Öffnungszeiten zwischen 9.00 und 19.00 Uhr, im Sommer wird erst gegen 22.00 Uhr geschlossen. Bars und Nachtklubs in CityWalk schließen erst nach Mitternacht. Ein Tagesticket für Islands of Adventure oder Universal Studios Florida kostet 115 $. Zwei und mehr Tage lang gültige Tickets sind im Verhältnis günstiger. Ein für beide Parks gültiges Tagesticket kostet 170 $. Für ein zwei Tage lang geltendes Ticket muss man 176, für ein vier Tage gültiges 219 $ auf den Tisch legen. Wer sein Ticket online kauft, spart bei den „Multi-Day Tickets" bis zu 20 % (www.universalorlando.com). Auch den Universal Express Pass, mit dem Warteschlangen passiert werden dürfen, gibt's online.

SEAWORLD ORLANDO
Zwischen dem Universal Orlando Resort und Walt Disney World betreibt die ❾ **SeaWorld**-Gruppe drei Meeres- bzw. Wasserthemenparks.
SeaWorld Orlando: Unter weitgehendem Verzicht auf die sonst übliche Reizüberflutung konzentriert sich dieser schöne Meerespark auf Liveshows mit Orcas und Delfinen sowie auf die Präsentation detailliert nachempfundener Habitate für Manatees, Süß- und Salzwasserfische. Viel Raum wird auch den parkeigenen Aufzuchtprogrammen gewidmet. Eine besondere Attraktion ist der Bereich „Antarctica: Empire of the Penguin", in dem die Besucher nach einer Einführung in kleinen Wägelchen durch eine projizierte Antarktis bis zu einer auf –1 °C gehaltenen Pinguin-Kolonie fahren.
Discovery Cove: Delfine tummeln sich am Korallenriff, tropische Vögel flattern in weitläufigen Freiluftgehegen, und der Besucher ist ganz nahe dran: Er kann sich auf einem Fluss an Stränden, Dschungeln und Wasserfällen vorbeitreiben lassen, schnorchelnd tropische Fische beobachten und unter Aufsicht in kleinen Gruppen sogar zu den Delfinen ins Wasser steigen (siehe: DuMont-Aktiv, rechte Seite). **Aquatica** bietet rund 40 Wasserrutschen und sechs künstliche Flüsse und Lagunen. Eine der Wasserrutschen hat eine durchsichtige Röhre, in der man durch eine von Delfinen bevölkerte Lagune gleitet. Eine besondere Attraktion ist die Röhrenrutsche IHU's Breakaway Falls, bei der man aus über 35 m Höhe fast senkrecht in die Tiefe stürzen kann.

INFORMATION
Die SeaWorld-Parks liegen östlich der I-4 im Süden von Downtown Orlando und sind vom International Drive aus bequem erreichbar. SeaWorld ist täglich von 9.00 bis 19.00 Uhr geöffnet (im Sommer länger), Discovery Cove zwischen 9.00 und 17.30 Uhr. Aquatica öffnet um 9.00 Uhr und schließt, je nach Saison, zwischen 17.00 und 21.00 Uhr. Das Tagesticket für SeaWorld kostet 109 $, für Aquatica 65 $. Kombitickets sind preiswerter. Ein Tag in Discovery Cove kostet 160 bis 450 $. Geld sparen kann man beim Onlinekauf (seaworldparks.com/en/seaworld-orlando, www.discoverycove.com). Tickets möglichst weit im Voraus reservieren!

UNTERKUNFT
Walt Disney World und Universal Orlando betreiben auf ihrem Gelände Dutzende eigener, nach vorgegebenen Themen eingerichtete Hotels. Fast alle lassen sich online auch über Discounter-Seiten wie hotels.com buchen. Empfehlenswert ist das über Pool und Restaurants verfügende €€/€€€ **Disney's Coronado Springs Resort** (1000 W Buena Vista Dr., Tel. 40 79 39-10 00, disneyworld.disney.go.com). Laut und hemdsärmelig zu geht es im preiswerten €/€€ **Disney's Pop Century Resort** (1050 Century Dr., Tel. 40 79 38-40 00, disneyworld.disney.go.com), einer mit Popkulturobjekten vollgestopften Unterkunft. Strategisch günstig am Eingang zum Resort liegt das über vier Restaurants verfügende €/€€ **Double-Tree by Hilton Hotel at the Entrance to Universal Orlando** (5780 Major Blvd., Tel. 40 73 51-10 00, doubletree3.hilton.com).

RESTAURANTS
Orlandos Themenparks bieten Restaurants für jeden Geschmack. Wer abends Szenenwechsel braucht, wird in den Straßen rund um die Restaurantmeile Park Avenue in Orlandos Trend-

> **Tipp**
>
> ### Auf einen Blick
>
> Eine Übersicht und weiterführende Links zu Floridas Freizeitparks findet man unter **www.themeparkcity.com/USA_FL.htm**. Außerdem interessant: **lostparks.com**

viertel Winter Park fündig. Das €€ **The Coop** (610 W. Morse Blvd., Tel. 40 78 43-26 67, www.asouthernaffair.com) hat sich der herzhaften Southern Cuisine verschrieben. Im Bistro-Restaurant €€€/€€€€ **Café de France** (526 S Park Ave., Tel. 40 76 47-18 69, lecafedefrance.com) werden saisonale Produkte nach Nouvelle-Cusine-Rezepten zubereitet. Beste saisonale Küche aus immer frischen Zutaten aus der Umgebung gibt es im €€€€ **Chef´s Table** at the Edgewater (99 W. Plant St., Winter Garden, Tel. 407 230 4837, www.chefstableattheedgewater.com), einem der besten Restaurants in Orlando.

❿ – ⓫ Greater Orlando Area

Aus den zahlreichen Attraktionen der Greater Orlando Area ragen zwei heraus. Einer der ältesten Themenparks der Gegend ist ❿ **Gatorland** (siehe „Unsere Favoriten", S. 74/75). Zu den Meerjungfrauen im ⓫ **Weeki Wachee Springs State Park** (siehe ebenfalls „Unsere Favoriten", S. 74/75) fährt man besser von Tampa aus: Da sind es mit dem Auto in nördlicher Richtung nur 45 Min.; von Orlando aus dauert die Fahrt in westlicher Richtung gut zwei Stunden. Der Abstecher nach diesem charmanten Amüsierbetrieb aus der Zeit vor Disney lohnt jedoch auf jeden Fall.

INFORMATION
Visit Orlando, 8723 International Drive Orlando, Tel. 1-80 09 72-33 04, www.visitorlando.com

⓬ Cape Canaveral

Vom Kennedy Space Center auf Cape Canaveral, einem östlich von Merritt Island gelegenen und von diesem durch den Banana River getrennten Kap, hoben sie alle ab: die Geminis, Mercurys, Apollos und Space Shuttles; von hier aus griff die US-Raumfahrtbehörde NASA nach den Sternen. Seit dem Ende des Shuttleprogramms geht es zwar ruhiger zu, doch der Besuch lohnt sich noch immer.

SEHENSWERT
Mehrere spannende Ausstellungen und ein IMAX-Kino im Visitor Complex informieren über die Geschichte und Zukunft des amerikanischen Raumfahrtprogramms. Die „Shuttle Launch Experience" simuliert den Start eines Space Shuttle, in einer gigantischen, 8400 m² großen Ausstellungshalle ist das Space Shuttle Atlantis zu besichtigen. Zweistündige Bustouren führen vom Visitor Complex zu den Abschussrampen (Rte. 405, Cape Canaveral, Jan. bis Aug. 9.00–19.00 Uhr, Sep.–Dez. kürzer, Tagesticket inkl. Bustour ab 57 $).

INFORMATION
Kennedy Space Center, Merritt Island, SR 405, www.kennedyspacecenter.com

---

Genießen   Erleben   Erfahren

Schwimmen mit Delfinen

DuMont Aktiv

Den größten Bewohnern der Gewässer um Florida in ihrem Element zu begegnen, ist ein unvergessliches Erlebnis. Wer jedoch zu den Delfinen ins Wasser steigt, sollte sich zuvor über einige Dinge im Klaren sein.

Wer hat noch nicht die berühmten Flipper-Filme gesehen und sich gewünscht, selbst zu diesen wunderbaren Geschöpfen ins Wasser zu steigen? Delfine erfreuen sich einer weltweiten Fan-Gemeinde. Sie haben ein gewinnendes Perma-Lächeln im Gesicht und gelten dazu als hochintelligent. Nach der Fernsehserie um Flipper, den klugen Delfin, richteten Zoos in aller Welt Delfinarien ein, nahmen Themenparks Delfinshows in ihre Programme auf.

In Florida wurde das Angebot „Swimming with Dolphins" zum Publikumsrenner. Dabei erleben Besucher die Meeressäuger aus nächster Nähe in ihrem Element, dürfen sie streicheln und sich von ihnen sogar durch dass Wasser ziehen lassen.

Doch so viele Fans diese Form der Unterhaltung hat, so viele Kritiker hat sie auch. Bei allen Unterschieden – manche lassen die Unterbringung der Delfine in natürlichen Lagunen durchgehen, andere bezeichnen selbst die bei verhaltensgestörten Kindern erfolgreich angewandte Delfintherapie als „Mord auf Raten" – sind sich die Delfinschützer in diesem Punkt einig: Delfine sind und bleiben, selbst wenn sie in Gefangenschaft geboren werden, wilde Tiere. Ihr Einsatz bei Delfinshows ist folglich nicht – und nie – artgerecht.

Weitere Informationen

„Schwimmen mit Delfinen" in Orlando: SeaWorld, Discovery Cove

Delfinshows allgemein: Dolphin Research Center, 58901 Overseas Highway, Grassy Key, Florida Keys, Tel. 30 52 89-11 21, www.dolphins.org

Delfinschützer: Peta Deutschland e.V. Benzstr. 1, D-70839 Gerlingen, Tel. 0711/ 8 60 59 10, www.peta.de

Vom noblen Leben unter Palmen

Dass der Name „Gold Coast" eigentlich vom angespülten Gold gestrandeter Galeonen stammt, interessiert niemanden mehr. Heute wird der Name vor allem mit fantastischen Sandstränden assoziiert – und mit der besonders hohen Dichte wohlhabender Anlieger, die vor allem Palm Beach zum Mekka der Reichen und Superreichen machten.

Fort Lauderdale gleicht mit seinem fast 300 Kilometer umfassenden Netz navigierbarer Wasserwege einem „amerikanischen Venedig".

Blick von West Palm Beach hinüber nach Palm Beach: Die Enklave der Reichen und Reichsten liegt auf dem Nordteil einer 26 Kilometer langen, mit dem Festland durch Brücken verbundenen Insel.

Die Nacht zum Tage machen kann man auf dem – sich um das 1926 errichtete Harriett Himmel Theatre gruppierenden – Gelände des CityPlace, einem Einkaufsparadies in der Downtown von West Palm Beach.

Heiße Rhythmen: In den Clubs von West Palm Beach hört man gern und viel kubanische Musik.

> Die Gold Coast prägte das Image des Sunshine State wie keine andere Region Floridas.

Wenn eine Region vor allem vom Tourismus lebt, dann darf sie schon mal ein besonders fürsorgliches Verhältnis zu ihren Gästen entwickeln. Besonders, wenn diese im Rentenalter sind. „Fahren Sie umsichtig", steht auf einem Schild im Besucherzentrum, „Fort Lauderdale ist die Winterresidenz Tausender Snowbirds aus dem kalten Norden. Geben Sie auf der Straße auf die Verkehrsteilnehmer um Sie herum acht. Auf den Highways pflegen die Snowbirds auf der rechten Fahrspur zu bleiben."

Fort Lauderdale, dessen Hafen eine der meistbesuchten Kreuzfahrt-Destinationen der Welt ist, liegt im Zentrum der Gold Coast. Diese beginnt gleich nördlich von Miami und prägt mit ihren Badestränden wie keine andere Region Floridas das Image des Sunshine States. Auf der Flucht vor Großstadtstress und Winterkälte kommen Touristen hierher, seit Henry M. Flagler (siehe das Special auf S. 85), der berühmteste der Eisenbahnbarone des 19. Jahrhunderts, seine Florida East Coast Railway (ECR) von New York aus nach Süden trieb und dabei feststellte, dass die Nester entlang der Trasse sich fix zu noblen Sommerfrischen der frierenden Ostküstenprominenz mauserten. Im Jahr 1886 erreichte die ECR St. Augustine, wenig später Palm Beach, in beiden baute Flagler Luxushotels. Bis dahin hatte es an dieser Küste keinerlei nennenswerte Siedlungsversuche gegeben: Nach den Seminolenkriegen in den 1830er-Jahren blieben Siedler dieser Gegend auf Jahrzehnte hinaus fern.

Unverwechselbare Städte

In den 1920er-Jahren wurde dann in ganz Florida investiert und gebaut. Auf den Barriereinseln schossen Strandhotels und Ferienresorts aus dem Sand, auf dem Festland gegenüber entstanden nüchterne Städte für die Bedürfnisse der Hotelangestellten. Die derart gespaltene „Persönlichkeit" dieser Küstenregion blieb bis heute erhalten und findet in dem derzeit von Miami ausgehenden Bauboom ihre Fortsetzung.

Tatsächlich fühlt sich die mit nahtlos ineinander übergehenden Ballungsgebieten gepflasterte Gold Coast zunächst wie eine Verlängerung Groß-Miamis an. Aber daraus entsprechende Schlüsse zu ziehen, wäre falsch. Jede der Städte hier hat ihren unverwechselbaren Charakter: Hollywood dank seines palmen- und kneipengesäumten Boardwalk, Delray Beach wegen seines trendigen Stadtzentrums, Pompano Beach dank seiner langen Pier, West Palm Beach wegen seiner Museen und der Restaurantmeile Clematis Street. Darüber hinaus unterscheidet sich die Gold Coast auch demografisch sowie kulturell von Miami. Aus anderen Landes-

Palm Beach: An der Westseite der Insel ließ der Eisenbahnmagnat Henry M. Flagler im Jahr 1901 als Hochzeitsgeschenk für seine dritte Frau einen 55-Zimmer-Palast im Beaux-Arts-Stil mit dem klangvollen Namen „Whitehall" errichten. Bis zu seinem Tod (1913) residierten die Flaglers hier jeden Winter, danach wechselte das Anwesen mehrmals den Besitzer. Heute ist es als Museum eingerichtet und gibt dem Besucher einen Einblick in das Leben der High Society dieser Zeit.

Henry M. Flagler (1830–1913)

Der Mann, der Florida „erfand"

Vom Fünfdollarjobber zu einem der reichsten Männer des Landes: Der Eisenbahntycoon Henry M. Flagler „erfand" die Goldküste. Und setzte damit auch zugleich das moderne Florida auf die Landkarte.

Henry Morrison Flagler wurde arm geboren und starb als steinreicher Industriegigant. Am Ende seines Lebens blickte er zurück auf erfolgreiche Karrieren im Getreide- und Ölgeschäft. Seine größten Triumphe feierte Flagler, ein Visionär mit Gespür für das jeweils nächste große Geschäft, in Florida. Im Jahr 1878 erkannte er in Jacksonville, damals Amerikas Grenzstadt im Süden, das Potenzial der Region als amerikanische Riviera. 1885 baute er in St. Augustine das Nobelhotel Ponce de León und schaffte wenig später mit der eigens gegründeten Florida East Coast Railway (ECR) die Hotelgäste herbei. 1890 überschritt die ECR den St. John's River, 1894 baute Flagler am Ufer des Lake Worth das Royal Poinciana Hotel. Im Schatten dieses damals größten Ferienre-

Edles Ambiente: im Flagler-Museum

sorts der Welt entstand Palm Beach. Die Kältewelle 1894/1895 vernichtete die gesamte Zitrusernte und überzeugte ihn, die Bahnlinie nach dem stets warmen Miami verlängern zu lassen. 1896 erreichte die ECR die Biscayne Bay. Flagler ließ Straßen bauen und finanzierte Miamis erste Tageszeitung. Sein letztes und größtes Projekt ging er noch im Greisenalter an. Als die USA 1905 mit dem Bau des Panamakanals begannen, ließ er seine Bahn bis nach Key West als potenziellem Tiefseehafen verlängern. Die 200 Kilometer lange Trasse über die Keys und das offene Meer wurde ein Meisterwerk der Ingenieurskunst. 1912 rollte der erste Zug in Key West ein – mit einem gebrechlichen Flagler an Bord. Im Jahr darauf starb er in St. Augustine – als der Mann, der das moderne Florida quasi im Alleingang erfunden hatte.

Visionär: Henry M. Flagler (um 1904)

teilen der USA Zugezogene bestimmen hier das Bild, damit ist dieser Küstenabschnitt wohlhabender, urbaner und politisch liberaler als Nord- und Zentralflorida. Während Miami als Gateway zunehmend von seiner jugendlichen, stilbewussten und meist spanisch sprechenden Bevölkerung geprägt wird, ist die Goldküste Anlaufpunkt aktiver Babyboomer, Rentner und Langzeittouristen aus dem Norden der USA. Auf die wohl ewig aktuelle Frage, ob Miami oder die Gold Coast besser sei, hört man heute: Hollywood sei ebenso modebewusst wie South Beach, aber preiswerter und weniger versnobt, in Fort Lauderdale habe man dank der vielen Zugbrücken Gelegenheit, auch unterwegs in aller Ruhe auf sein Smartphone zu sehen – und überhaupt funktionierten hier überall die Parkuhren.

Das sind die Stars der Gold Coast: Boca Raton, Fort Lauderdale und Palm Beach.

Die Stars der Gold Coast sind jedoch diese drei: das romantische, wunderbar mediterran wirkende Boca Raton, in dem strengste Bauvorschriften selbst globale Fastfoodriesen in die Knie zwingen, Fort Lauderdale und das als Enklave der Superreichen berühmte Palm Beach.

Fort Lauderdale

Die größte Stadt der Goldküste gilt als das „Venedig Amerikas" – ihres gut 300 Kilometer umfassenden Kanalnetzes wegen, denen die Mangrovensümpfe weichen mussten. Einem breiten amerikanischen Publikum bekannt wurde die Stadt durch den 1960 hier gedrehten Teenagerfilm „Where the Boys are", der sie quasi über Nacht zu Amerikas Spring-Break-Metropole machte. Fortan überfluteten Hunderttausende Studenten zu Ostern Fort Lauderdale, um hier mal so richtig fünfe gerade sein zu lassen. Von den Verwüstungen, die sie dabei in Hotels

Srand im Norden der an West Palm Beach grenzenden, mit dem Atlantik durch zwei künstlich angelegte Zuflüsse verbundenen Lake Worth Lagoon

Urlaubsfreuden im PGA National Resort & Spa in Palm Beach, einem von fünf Golfplätzen (darunter der Champion-Course, Austragungsort des Ryder Cup und der „PGA Championships") umgebenen Luxushotel mit herrlichem Pool

„Du hast wirklich keine Ahnung, was ein langbeiniges Mädchen tun kann, ohne das Geringste zu tun."

Claudette Colbert in dem Film „Atemlos nach Florida" (Originaltitel: „The Palm Beach Story"), 1942

Dass es auch in Fort Lauderdale viele Millionäre gibt, erfährt man bei einer Tour mit der Jungle Queen IV (oben) durch die Kanäle der Wasserstadt, indem man an ihren Villen vorbeifährt. Zum Shoppingvergnügen auf dem Las Olas Boulevard geht's standesgemäß im Sportwagen (rechts). Und wenn die Suche nach den kleinen Dingen des täglichen Bedarfs etwas länger gedauert hat, braucht man den Boulevard gar nicht erst zu verlassen, sondern kann gleich in Rocco's Taco and Tequila Bar einkehren (ganz rechts).

Während es hier an der Marina von Fort Lauderdale eher ruhig zugeht, herrscht weiter südlich im für Container- und Kreuzfahrtschiffe ausgelegten Seehafen Port Everglades hektischer Betrieb.

Addison Mizner (1872–1933)

Special

Ein Mann sieht gold

Er hatte keine Ausbildung als Architekt, war aber ein Riesentalent – und als flamboyanter Bonvivant mit Äffchen Johnny auf der Schulter ein Darling der High Society.
Addison Cairns Mizner begann seine Karriere als Autor und Salonlöwe in San Francisco. Er war Weltreisender, Goldgräber und landete um das Jahr 1900 in New York. Vieles in seinem Leben passierte eher zufällig. Als ein Freund ihn bat, ihm ein Haus zu entwerfen, lieferte Mizner gleich noch das Interieur. Inspiration fand er auf Postkarten alter Burgen und Paläste, die er in Sammelalben aufbewahrte.

Im Jahr 1918 kam er nach Florida, wo sich das gesellschaftliche Leben gerade von den Hotels in die privaten Residenzen verlagerte: zum Glück für ihn, denn sein später als „Mediterranean Revival" gefeierter Stil mit geschwungenen Bögen, sandfarbenen Stuckwänden und Terracotta-Ziegeldächern gefiel sofort.

Mizner Style: Boca Raton Resort & Club.

Für den Architekten brachen goldene Zeiten an. In Palm Beach baute er 67 Häuser, u. a. für die Vanderbilts. Seinem Stil – angeblich ließ er sogar Steine gegen Wände werfen, damit diese älter aussahen – blieb er auch in Boca Raton treu. Beauftragt, eine luxuriöse Ferienanlage zu bauen, schuf er dort noch 27 Gebäude, bis der Immobiliencrash 1926 alle Pläne durchkreuzte. 1933 starb Mizner verarmt in Palm Beach. Sein Stil inspirierte Architekten in ganz Nordamerika.

und Restaurants hinterließen, hatte die Stadt bald genug. Spezielle Spring-Break-Gesetze wurden erlassen, am Ende eröffnete der Bürgermeister den Studenten sogar im Fernsehen, dass sie nicht länger willkommen seien.

Im deutschsprachigen Raum wurde Fort Lauderdale 1979 allgemein bekannt, als der Rekordtorschütze Gerd Müller vom FC Bayern München zu den Fort Lauderdale Strikers wechselte. Sein Restaurant, das solide deutsche Küche servierende Ambry am East Commercial Drive, existiert noch ebenso wie die schönen gelben Water Taxis, die seit rund 30 Jahren durch die Kanäle schippern und Einheimische wie Besucher zur Arbeit, zu den Museen und abends in die Kneipen bringen. Überhaupt sind die kleinen dicken Bötchen ideal zum Sightseeing: „Downbound" geht die Reise in Richtung Las Olas Blvd., der berühmten Durchgangsstraße gen Downtown, während „upbound" die beinahe 100 000 Quadratmeter große Galleria Mall wartet – und die Shooters Waterfront, wohl das beliebteste Kanalrestaurant der Stadt. Übrigens freut man sich dort beim Blick über den von prächtigen Villen gesäumten Intracoastal Waterway durchaus auch darüber, für einen feinen „Bikini Martini" nicht erst noch eine zweite Hypothek aufnehmen zu müssen …

DUMONT THEMA

DIE REICHEN VON PALM BEACH

Im Club der Dollarmilliardäre

Nur Zugbrücken führen hin. Mauerhohe Hecken und Gitter schützen vor neugierigen Blicken, die Zahl der Polizeibeamten liegt über dem Landesdurchschnitt. Palm Beach gehört zu den reichsten Städten der USA. Als Besucher – und Otto Normalverbraucher – hat man da nur zwei Möglichkeiten.

Möglichkeit eins: Man studiere die neuesten Reichen-Rankings und lasse sich, je nach Gemüt und/oder politischer Ausrichtung, an deren Namen und Zahlen genüsslich berauschen oder moralisch entrüsten. So besaßen zuletzt laut dem „Forbes Magazine" 29 der reichsten Menschen der Welt Häuser in Palm Beach. Reichster Bürger der 10 000-Einwohner-Stadt war der 40 Milliarden US-Dollar schwere Industrielle David Koch – einer der wichtigsten Geldgeber der Republikaner, der allerdings im im US-Wahlkampf 2016 dem heutigen US-Präsidenten Donald Trump die Unterstützung verweigerte. Weit abgeschlagen folgten der Kosmetikmogul Leonard Lauder mit 7,5, Miami-Dolphins-Besitzer Stephen Ross mit 5,4 und der eben erwähnte Donald Trump mit knapp vier Milliarden Dollar. Der „Ärmste" im Klub der Milliardäre von Palm Beach war laut Forbes der Netscape-Gründer James Clark mit „nur noch" 1,4 Milliarden US-Dollar.

Kaschmirhosen für 2000 US-Dollar?

In diesem Zusammenhang ist es vielleicht nicht uninteressant, nachzulesen, wie die Reichen von Palm Beach während der letzte Bankenpleite vom betrügerischen Finanz- und Börsenmakler Bernie Madoff um große Teile ihres Vermögens gebracht wurden. Mit dem Ergebnis, dass manche ihre eben noch bestellten 2000-Dollar-Kaschmirhosen in den Boutiquen der Worth Avenue liegen ließen, während andere von Kaviar auf Kartoffelbrei umstiegen und in Palm Beach auf einmal 260 Einfamilienhäuser zum Verkauf standen: zu Preisen zwischen 700 000 und 72 Millionen US-Dollar. Wie gelassen man bis dahin mit solchen Dimensionen umgegangen war,

Oben: Man zeigt, was man hat – frau auch. Rechte Seite: Und die großen (Marken-)Namen (hier in der Worth Avenue) dürfen natürlich auch nicht fehlen.

zeigt das Beispiel des Investmentbankers Stephen A. Schwarzman, der ein immerhin stolze 1200 Quadratmeter großes Anwesen für mehr als 20 Millionen US-Dollar kaufte und es dann, gegen die Proteste des örtlichen Denkmalschutzvereins, abreißen ließ, weil es ihm doch zu klein erschien.

Immer ein Plätzchen im Warmen

Seit Henry M. Flagler gegen Ende des 19. Jahrhunderts die Eisenbahn nach Florida brachte und am Lake Worth erste Luxushotels errichten ließ, überwintert die US-amerikanische Haute-Volée in Palm Beach. Zunächst han-

Gut zu wissen, dass immer ein paar Gesetzeshüter über das Luxusshopping wachen (oben/unten in der Worth Avenue). Rechte Seite: in der Hotellobby des Luxusresorts The Breakers Palm

delt es sich um das „Old Money" der weißen, angelsächsischen Oberschicht aus Boston und New York, dann zog jüdisches Kapital hinzu, und in den letzten Jahren sind es vor allem Investmentbanker sowie Soft- und Hardwarefabrikanten aus allen Teilen des Landes, die sich vom stets angenehm warmen Palm Beach angezogen fühlen. Deren bevorstehende Ankunft merkt man meist schon im Voraus am Auftauchen riesiger Trucks im feinen Stadtbild: Sie bringen die Bentleys und Maseratis der Superreichen vor Ort, ohne die eine Fortbewegung auf den Straßen der Stadt ja undenkbar wäre. Die Hauptbeschäftigung ihrer Besitzer wird in der Folgezeit der Besuch von Wohltätigkeitsveranstaltungen sein. Galas, Cocktailpartys, opulente Bälle füllen die Terminkalender der Superreichen in Palm Beach, und für das gute Gewissen schadet es sicher nicht, wenn dabei auch ein paar Millionen US-Dollar für gute Zwecke gespendet werden.

Jenseits des fabelhaften Reichtums

Möglichkeit zwei: Man nehme den fabelhaften Reichtum der Stadt nur zur Kenntnis und gehe ansonsten zur Tagesordnung über. Die Architektur von Palm Beach ist unbedingt sehenswert. Besonders schöne Beispiele des mediterran anmutenden Mizner Styles findet man entlang der Straßen El Bravo, El Vedado und El Brillo. Die Worth Avenue – mit dem Rodeo Drive in Beverly Hills wohl die teuerste Einkaufsstraße der USA – lohnt ebenfalls eine gründliche Erkundung. Zahlreiche kleine Gassen zweigen von ihr ab, darunter die vielfach gekrümmte Via Mizner und die angrenzende Via Parigi. Mizners Domizil, die fünfgeschossige Villa Mizner, steht hier ebenfalls (1 Via Mizner). Am Ende des Tages gönnt man sich dann einen Cocktail im Luxusresort The Breakers Palm Beach. Große Überraschung: Die Mixgetränke in der dortigen Surf Break Bar sind durchaus erschwinglich. Der teuerste Cocktail, ein Tequila-Margarita-Grand Marnier-Mix, kostet nicht einmal 15 Dollar. Quasi geschenkt.

Die Farbe(n) des Geldes

Als steinreiche Promi-Enklave ist Palm Beach in keiner Weise arm. Auch nicht an schillernden Charakteren und saftigen Anekdoten. Wer sich Leslie Diver von Island Living Tours anvertraut, hört deshalb nicht nur Stadtgeschichte und Architektur, sondern erfährt auch jede Menge Klatsch und Tratsch aus der Welt der Reichen und Superreichen.

www.islandlivingpb.com

Urlaub de luxe

Nach Sand und Sonne klingende Ortsnamen, ein sagenhaftes Kultur- und Shoppingangebot sowie Wohlstand unter Palmen: Floridas Goldküste am Atlantik verspricht Urlaubsgefühle pur. Und dieses Versprechen wird gehalten!

❶ Palm Beach

Neuankömmlinge halten unwillkürlich die Luft an: Auf den ersten Blick wirkt das perfekt manikürte Palm Beach fast ein wenig abschreckend. Doch beim näheren Hinsehen wird die Reichen-Enklave dann durchaus zugänglich(er).

Tipp
Kennedys Bunker

Während der Kubakrise im Oktober 1962 bauten die USA heimlich in aller Eile einen atombombensicheren Bunker auf Peanut Island. Dieser sollte dem US-Präsidenten John F. Kennedy, der gern mit seiner Familie im nahen Palm Beach Urlaub machte, im Falle eines nuklearen Angriffs der Sowjets Unterschlupf gewähren. In den 1990er-Jahren restauriert und der Öffentlichkeit zugänglich gemacht, sieht der Besucher in dem von meterdicken Betonwänden umgebenen, spartanisch eingerichteten Bunker die einfachen Etagenbetten für die Kennedys, den Schaukelstuhl für den an oft starken Rückenschmerzen leidenden Mr. President und einen nüchternen Schreibtisch mit dem berühmt-berüchtigten roten Telefon für den „heißen Draht" nach Moskau.

WEITERE INFORMATIONEN
President John F. Kennedy Bunker, Peanut Island, Do.–So. 11.00–16.00 Uhr, Water Taxi ab Riviera Beach Marina, www.pbmm.info, nur gef. Touren

Im Shoppingtempel CityPlace (West Palm Beach) finden auch immer mal wieder Livekonzerte statt.

SEHENSWERT
Atemberaubend, dieses **Henry Morrison Flagler Museum** (1 Whitehall Way, Di.–Sa. 10.00–17.00, So. 12.00–17.00 Uhr, Eintritt 18 $. gef. Tour inkl.)! Die „Whitehall" genannte Winterresidenz der Flaglers wurde schnell zum Treffpunkt der High Society. Geführte Touren informieren über die nach historischen Themen eingerichteten Säle.

SHOPPING
Einkaufen in Palm Beach ist gleichbedeutend mit einem Bummel über die palmengesäumte Worth Avenue (www.worth-avenue.com). „Fashionabel" zu sein ist seit der Eröffnung des legendären **Everglades Club** (Nr. 356) im Jahr 1919 ein Muss in Palm Beach. Unter den rund 200 Geschäften, von denen gut ein Viertel als Juweliere firmieren, sind alle Nobelmarken vertreten. Es gibt zwei Kaufhäuser, Galerien und Restaurants. Kleine Passagen, die sogenannten Vias, zweigen zu schattigen Innenhöfen mit hübschen Boutiquen und Cafés ab. Weniger Geld lässt man dagegen in den Boutiquen der S County Road etwas nördlich.

RESTAURANT/UNTERKUNFT
Hier isst „tout" Palm Beach: Das €€€/€€€€ **Buccan** (350 S County Rd., Tel. 56 18 33-34 50, www.buccanpalmbeach.com), ein ziemlich elegantes Bistro-Restaurant, serviert mutige, aus globalen Küchentraditionen gespeiste Kreationen wie Hummer Cannelloni und Sashimi mit peruanischem Chili. Auch das Luxushotel €€€€ **The Breakers** (1 S County Rd., Tel. 56 16 55-66 11, www.thebreakers.com) stammt von Flagler. 1896 erbaut, gab er damit den Startschuss für Floridas Tourismusindustrie. Nördlich vom Clarke Avenue Beach am eigenen Strand stehend, beeindruckt das noch immer spektakuläre Resort bis heute. Legendenstatus – und verdächtig jung aussehende Senioren in der Lobby – hat das über luxuriös eingerichtete Zimmer und Suiten verfügende €€€/€€€€ **Colony** (155 Harmon Ave., Tel. 56 16 55-54 30, www.thecolonypalmbeach.com), das nur einen Steinwurf vom Mid-Town Beach entfernt liegt.

INFORMATION
Palm Beach Chamber of Commerce, 400 Royal Palm Way, Palm Beach, Tel. 56 16 55-32 82 www.palmbeachchamber.com

❷ West Palm Beach

Während man auf der vorgelagerten Insel die ersten Hotels für Palm Beach baute, wurden auf dem Festland gegenüber die Behausungen der Bediensteten hochgezogen: So entstand West Palm Beach. Heute ist die aufstrebende 110 000-Einwohner-Stadt der kulturbewusste Mittelpunkt des Palm Beach County.

SEHENSWERT/MUSEEN
Vier Jahrzehnte kreativen Schaffens der Bildhauerin Ann Norton sind in den wunderbaren

INFOS & EMPFEHLUNGEN

Ann Norton Sculpture Gardens verewigt (205 S Flagler Dr., Mi.–So. 10.00–16.00 Uhr, Eintritt 15 $). Zu den größten Kunstmuseen der USA zählt das Anfang 2019 nach einer Erweiterung neueröffnete **Norton Museum of Art** (1451 S Olive Ave., Mi.–So. 10.00–16.00 Uhr, Eintritt 10 $). Fakten und teils saftige Anekdoten über all jene schillernden Persönlichkeiten, die Palm Beach County ihren Stempel aufgedrückt haben, gibt's im unterhaltsam inszenierten **Richard and Pat Johnson Palm Beach County Museum** (300 N Dixie Hwy., Downtown West Palm Beach, Di. bis Sa. 10.00–17.00 Uhr; der Eintritt ist frei).

SHOPPING/AUSGEHEN
Im **CityPlace** (700 S Rosemary Ave., tgl., www.cityplace.com), einem multifunktionalen Gebäudekomplex mit über 80 Geschäften, Restaurants, Bars und Kinos, geht die Einkaufstour nahtlos in Dinner und Absacker über.

Oben und rechts: Freizeitvergnügen in der Lake Worth Lagoon östlich von West Palm Beach

Ocean Blvd., Mo.–Sa. 9.00–16.00, So. 12.00 bis 16.00 Uhr, Eintritt gegen eine kleine Spende) die Möglichkeit, einheimische Flora und Fauna zu beobachten.

bereitet. Familienfreundlich gibt sich die nur einen Steinwurf vom South Beach Park entfernte €€/€€€ **Ocean Lodge** (531 N Ocean Blvd., Boca Raton, Tel. 56 13 95-77 72, www.oceanlodgeflorida.com) mit geräumigen Suiten.

INFORMATION
Greater Boca Raton Chamber of Commerce, 1800 N Dixie Highway, Boca Raton, Tel. 56 13 95-44 33, www.bocachamber.com

④ Fort Lauderdale

Im „Venedig Amerikas" scheinen selbst die ungezählten Kanäle und Wasserwege dem Schachbrettmuster der Stadt zu folgen.

SEHENSWERT/MUSEEN
Mit seinen Restaurants, Geschäften und prächtigen Villen ist der **Las Olas Boulevard** das eigentliche Herz der Stadt. Fast alle Sehenswürdigkeiten befinden sich in unmittelbar Nähe. Das **Ft. Lauderdale History Center** (219 SW 2nd Ave. Mo.–Fr. 12.00–16.00, Sa./So. 9.30 bis 16.00 Uhr, Eintritt 10 $) dokumentiert die mit den Seminolenkriegen beginnende Stadtgeschichte. Imposante Sammlungen europäischer und amerikanischer Künstler des 20./21. Jh.s beherbergt das **NSU Art Museum** (1 E Las Olas Blvd., Di.–Sa. 11.00–17.00, So. erst ab 12.00 Uhr, Eintritt 12 $). Umringt von modernen Hochhäusern zeigt das unter Denkmalschutz stehende **Stranahan House** (335 SE 6th Ave., nur geführte Touren, tgl. 13.00, 14.00 u. 15.00 Uhr, Eintritt 12 $) als ältestes Haus der Stadt, wie Fort Lauderdale um das Jahr 1900 herum ausgesehen hat. Mit seiner Promenade, seinen Luxusapartments und Strandhotels gilt der feinsandige **Fort Lauderdale Beach** als People-Watching-Paradies.

SHOPPING/AUSGEHEN
In der **Galleria Fort Lauderdale** (2414 E Sunrise Blvd., Mo.–Sa. 10.00–21.00, So. 12.00–18.00 Uhr, www.galleriamall-fl.com) findet man fast 200 Flagship Stores und ein Dutzend guter Restaurants unter einem Dach. Mit über 350 Geschäften und diversen Factory Outlets gehört die Mega-Mall **Sawgrass Mills** (12801 W Sunrise Blvd., Mo.–Sa. 10.00–21.30, So. 11.00–20.00 Uhr, www.simon.com/mall/sawgrass-mills) zu den größten des Landes. Frei von Berührungsängsten finden im **Broward Center for the Performing Arts** (201 SW 5th Ave., Tel. 95 44 62-02 22, www.browardcenter.org) jährlich mehr als 500 Live-Darbietungen (Oper, Ballet, Jazz und Rock) statt. Lounges, Bars, Musik-

> *Der feinsandige Fort Lauderdale Beach gilt als People-Watching-Paradies.*

RESTAURANT/UNTERKUNFT
Muscheln mit Pommes frites sowie gegrillten Schwertfisch und Florida-Bouillabaisse gibt es im €€/€€€ **Pistache** (101 N Clematis St., Tel. 56 18 33-50 90, www.pistache.com) in der Downtown. Etwa 15 Minuten zu Fuß vom CityPlace bezaubert das historische, in einem tropischen Garten liegende €€/€€€ **Grandview Gardens B&B** (1608 Lake Ave., Tel. 56 18 33-90 23, www.grandview-gardens.com) mit mediterraner Architektur, Pool und Suiten.

INFORMATION
Chamber of the Palm Beaches, 401 N Flagler Dr. West Palm Beach, Tel. 56 18 33-37 11, www.palmbeaches.org

③ Boca Raton

„Let's go to Boca!" Im Rest der USA ist dieser Satz gleichbedeutend mit Sonne, Sand und lazy holidays. Die 98 000-Einwohner-Stadt mit ihren von stolzen Palmen gesäumten Straßen und der vom Mizner Style geprägten Architektur ist ein Augenschmaus. Und wohlhabend dazu.

SEHENSWERT/MUSEEN
Die meisten Attraktionen der Stadt konzentrieren sich rund um den Federal Highway, die Hauptstraße. Das **Boca Raton Museum of Art** (501 Plaza Real, Di., Mi., Fr. 10.00–17.00, Do. bis 20.00, Sa./So. 12.00–17.00 Uhr, Eintritt 12 $) ist Teil des Mizner Parks und birgt viele Picassos, Degas', Warhols. Unter der goldenen Kuppel des altes Rathauses untergebracht ist das **History Museum** (71 N Federal Highway, Mo. bis Fr. 10.00–16.00 Uhr, Eintritt 5 $). An der Küste bietet das auf einer Barriereinsel liegende **Gumbo Limbo Nature Center** (1801 N

EINKAUFEN
Um die Hauptachse Plaza Real gruppieren sich drei- bis vierstöckige Apartmenthäuser, mehrere Dutzend Geschäfte und Boutiquen, Restaurants und Galerien: Der als Lifestyle Center konzipierte, 1992 eröffnete **Mizner Park** (327 Plaza Real, Tel. 56 13 62-06 06, Mo.–Sa. 10.00–21.00, So. 12.00–18.00 Uhr, www.miznerpark.com) bietet ein schönes Shopping-Erlebnis.

Shopping · Tipp

Auf dem Gelände eines alten Drive-in-Kinos bieten über 2000 Verkäufer alles an, was nicht niet- und nagelfest ist. Flohmarkt-Junkies nennen den **Swap Shop** deshalb Floridas größte Attraktion nach Disney World.

WEITERE INFORMATIONEN
Swap Shop, 3291 W. Sunrise Blvd. Ft. Lauderdale, Mo.–Fr. 9.00–17.00, Do.–Fr. 8.00–17.00, Sa. 8.00–18.30, So. 7.30–18.00 Uhr, Tel. 95 47 91-79 27, www.floridaswapshop.com

RESTAURANTS/UNTERKUNFT
Dass Amerika sich erfolgreich des französischen Bistro-Konzepts angenommen hat, beweist das Fusion Cuisine servierende €€/€€€ **Max's Grille** (404 Plaza Real, Tel. 56 13 68-00 80, www.maxsgrille.com) in Mizners Park. Seafood, Fleisch und Geflügel werden täglich frisch im sympathischen €€ **Beach House** (887 E. Palmetto Park Rd., Tel. 561 826 8851) zu-

kneipen und Diskotheken finden sich vor allem zwischen Himmarshee St., Riverfront und Las Olas Blvd. Dabei reicht die Palette vom € **Kelly Brothers Irish Pub** (3045 N. Federal Hwy, Tel. 954 630 2856, www.kellybrothersirishpub.com) bis zur €€ **O Lounge** (333 E. Las Olas Blvd., Tel. 95 45 23-10 00, www.yolorestaurant.com), wo die Yuppies feiern.

RESTAURANTS/UNTERKUNFT

Das romantische €/€€ **Casablanca Café** (3049 Alhambra St., Tel. 95 47 64-35 00, www.casablancacafeonline.com) bietet neue amerikanische Küche mit Meeresblick. Amerikanische Fusion Cuisine servieren die Chefs des €€€ **Canyon Southwest Café** (1818 E Sunrise Blvd., Tel. 95 47 65-19 50, www.canyonfl.com). Bei Cocktails, Calamari und Filet Mignon mit Blick auf einen der vielen Kanäle lässt man im beliebten €/€€ **Shooters Waterfront** (3033 NE 32 Ave., Tel. 95 45 66-28 55, www.shooterswaterfront.com) den Tag ausklingen. Am Strand, mit funktional eingerichteten Zimmern und bezahlbar, liegt das €/€€ **Bahia Mar Fort Lauderdale Beach Hotel** (801 Seabreeze Blvd., Tel. 95 47 64-22 33, https://doubletree3.hilton.com). Im u-förmigen €€€ **Sonesta Fort Lauderdale** (999 N Fort Lauderdale Beach Blvd., Tel. 95 43 15-14 60, www.sonesta.com/fortlauderdale) direkt am Strand hat man von den meisten Zimmern einen schönen Meeresblick.

INFORMATION

Greater Fort Lauderdale CVB, 101 NE Third Ave., Ft. Lauderdale, Tel. 95 4765-44 66, www.sunny.org

⑤ Hollywood

Die aufstrebende 150 000-Einwohner-Stadt erfindet sich gerade neu.

SEHENSWERT/MUSEEN

Der **Young Circle Arts Park** (1 Young Circle) ist nach seinem Facelift ein schöner Stadtpark, in dem Events und Workshops stattfinden. Einen Block westlich zeigt das multidisziplinäre **Art and Culture Center of Hollywood** (1650 Harrison St., Di.–Fr. 10.00–17.00, Sa./So. 12.0–16.00 Uhr, Eintritt 7 $) zeitgenössische Kunst, inszeniert Happenings und Live-Darbietungen. Wie Sportangler ticken, lernt man im hervorragenden **IGFA Fishing Hall of Fame and Museum** (300 Gulf Stream Way, Mo.–Sa. 10.00–18.00, So. erst ab 12.00 Uhr, Eintritt 10 $). Wen es mit Macht ans Meer zieht, der sollte den **Hollywood North Beach Park** (Höhe Rte A1A u. Sheridan St.) ansteuern und den Tag auf dem Broadwalk beenden, einer vier Kilometer langen autofreien Promenade mit Eisdielen und Hotdog-Ständen.

INFORMATION

Hollywood Chamber of Commerce, 330 N Federal Highway, Hollywood, Tel. 95 49 23-40 00, www.hollywoodchamber.org

Genießen Erleben Erfahren

Palm Beach by bike

DuMont Aktiv

Man muss kein Milliardär sein, um sich in Palm Beach wohlzufühlen. Man braucht auch nicht unbedingt einen Maserati. Denn mit dem Fahrrad kommt man zu wunderbaren Aussichten und interessanten Einsichten.

Palm Beach ist ein Paradies – nicht nur für all die Trumps, Fords und Kashoggis dieser Welt. Die schmale, gut 21 km lange Insel ist flach wie ein Brett. Nichts liegt zu weit entfernt, der Verkehr fließt langsam, ja bedächtig. Für Fans erholsamer Radtouren ideal!

Der knapp 10 km lange, durchweg geteerte Lake Trail begleitet das Westufer der Insel und eröffnet dabei schöne Blicke über den zum Intracoastal Waterway gehörenden Lake Worth auf die Skyline von West Palm Beach. Inselwärts säumt eine endlose Reihe himmelhoher Hecken den Trail. Dahinter verschanzen sich die Milliardäre (Zäune sind nicht erlaubt). Hin und wieder geben Tore und Einfahrten den Blick auf prächtige Villen, Châteaus und Palazzos frei, manchmal mogelt man sich auf dem Radweg sogar mitten durch ein Privatgrundstück hindurch.

Zufahrten auf den Lake Trail gibt es vielerorts, doch der „South Lake Trail" genannte Abschnitt zwischen Royal Palm Way und Flagler Museum ist besonders schön. Nicht wenige fahren bis zum Nordende des Trails, genießen dort den Blick auf die Islands Peanut und Singer und kehren anschließend auf dem Ocean Blvd. zurück.

Weitere Informationen

Tourenräder, Mountainbikes und „beachcruiser" genannte Spaßräder in Bonbonfarben mit ausgestellter Easy-Rider-Radgabel: Wer sich in Palm Beach auf den Sattel schwingt, darf mit einer großen Zweirad-Auswahl rechnen. Mit 39 $ pro Tag (24 Std.) sind die Mietpreise vergleichsweise erschwinglich. Radverleih: Palm Beach Bicycle Trail Shop, 50 Cocoanut Row, Palm Beach, Tel. 56 16 59-45 83, www.palmbeachbicycle.com

Das andere Florida

Ein Spukhotel von 1859. Eine Straße ins Nichts. Vierhundert Jahre alte Stadttore, Nester mit sonderbaren Namen, Landstraßen, von Eichen gesäumt, und Herren, die den Damen noch die Tür aufhalten: Das Leben hier im Norden und Nordwesten verläuft gemächlicher als anderswo im Sunshine State. Und für diejenigen, die hier seit Generationen zu Hause sind, ist dieses „andere" Florida das wirkliche Florida.

Friseur beim Flagler College in St. Augustine, der ältesten von Europäern gegründeten durchgängig besiedelten Stadt in den Vereinigten Staaten.

Das schlossähnliche Casa Monica Resort & Spa wurde im Jahr 1888 mitten im Zentrum von St. Augustine eröffnet und gehört heute zur renommierten Marriott-Kette.

Leckere Speisen im historischen Rahmen in St. Augustine: In diesem Lokal der zuerst 1905 in Tampa eröffneten Restaurantkette Columbia serviert man spanische Küche mit Tapas & Co.

Auch in der Lobby des Casa-Monica-Hotels dominiert das kolonialspanische Ambiente.

Ursprünglich im Auftrag von Henry Flagler 1888 als Hotel Ponce de León eröffnet, gehört das heute nach ihm benannte College in St. Augustine zu den besten Hochschulen Floridas.

Je weiter man in Florida nach Norden fährt, umso tiefer gelangt man in den Süden.

In South Beach heißt es, dass man, je weiter man in Florida nach Norden fahre, man umso tiefer in den Süden gelange. Die partyfesten Kreativen in Miamis Lifestyle-Konklave meinen damit natürlich den Alten Süden. Dieser beginnt nach offizieller Lesart zwar erst jenseits der Grenzen Georgias und Alabamas, doch die dort herrschenden, meist recht konservativen Ansichten über Gott und die Welt verfangen Miamis Kreativen zufolge auch schon diesseits der Grenze. Dort jedoch, im wegen seiner pfannenstielartigen geografischen Form „Panhandle" genannten Nordwesten und im ländlichen Norden des Sunshine States, in Nestern mit Namen wie „Mandarin" und „Micanopy", sagen sie, dass die Touristen das wirkliche Florida gar nicht zu sehen bekommen, weil sie nur Strände und Themenparks im Kopf haben. Natürlich habe man, meinen die Einheimischen, diesen „fancy stuff" auch hier: Am Golf von Mexiko gibt es die schneeweißen Strände der sogenannten Emerald Coast zwischen Pensacola und Panama City, am Atlantik die Strände bei St. Augustine. Doch das Baden und Bräunen, die rituelle große Spring-Break-Sause der Studenten zu Ostern, bei denen sich die Hotels in Panama City und Sandestin in Tollhäuser verwandeln – all das überlässt man gern den Touristen aus dem Landesinnern. Man selbst packt lieber Angelausrüstung, Klappstühle und Kühlbox auf die Ladefläche des Trucks, rumpelt durch Wälder und Salzwassermarschen zu einer unbebauten Küste und wirft auf dem Pier eines kleinen Ortes am Ende der Straße die Leinen aus.

Die Entdeckung der Langsamkeit

Cedar Key ist so ein Ort. Rund 700 Seelen leben am Ende der State Road 24, die zuletzt die Wälder verlässt, über mehrere Inselchen mit schönen Blicken auf noch mehr Inselchen führt und schließlich auf Way Key endet. Auf Reisende, die nach dem alten Florida suchen, wirkt Cedar Key wie eine Erlösung. So mag es – nein, so *muss* es vor 80, 100 Jahren überall an diesen Küsten ausgesehen haben! Man wohnt in alten Holzhäusern unter Palmen und moosbehangenen Laubbäumen. Mit ihren roten, weißen und gelben Behausungen, fast alle mit umlaufenden Balkonen im Obergeschoss und überdachten Bürgersteigen darunter, mit dem Kabelsalat über der Straße und den freundlich grüßenden Einheimischen erinnert die Szenerie vor allem in der 2nd Street an den Alten Süden. Es gibt ein paar gute Seafood-Restaurants und eine Handvoll nette Herbergen, „Tina's Hair Salon" sowie draußen an der Dock Street, wo sich auch der Pier zum Fischen befin-

Im Norden und Nordwesten Floridas begegnet man der Geschichte des Landes auf Schritt und Tritt: ob in historischen Kostümen wie der „Schmied" in Tallahassees Mission San Luis (oben links) oder die „Soldaten" im Castillo San Marcos in St. Augustine (unten rechts). Jenseits der – geschauspielerten – Inszenierung mangelt es auch nicht an architektonischen Zeitzeugen: sei es die Festung von St. Augustine (oben rechts) oder das in derselben Stadt befindliche älteste hölzerne Schulhaus der USA (unten links).

NORDEN & NORDWESTEN
102 – 103

det, vier, fünf zünftige Pubs für die Angler. Blickfang in Cedar Key ist das Island Hotel. Groß, weiß und stolz beflaggt sitzt es auf der 2nd Ecke B Street, den Vorbeikommenden auf seiner dunklen Terrasse Schatten spendend. Fernseher gibt es nicht auf den Zimmern, selbst die Bar schräg gegenüber der urigen Rezeption, die „Neptune Lounge" – so benannt nach dem Wandbild des Meeresgottes hinter der Theke, das ein dankbarer Trinker 1948 hinterließ – hat keinen.

Was es dagegen gibt, da schwören die Besitzer Stein und Bein, sind Geister. Die dicken Wände aus Austernschalen, Kalk

Mit der Abholzung der Zedernwälder kam der Niedergang.

und Sand sowie die unebenen Fußböden aus massiven Eichenplanken sind Originalmaterial. Im Jahr 1859 erbaut, hat das Zehn-Zimmer-Hotel Wirbelstürme und Flutkatastrophen überstanden und die dreißigjährige Blütezeit der Stadt bis zum Ende des 19. Jahrhunderts erlebt, als der deutsche Bleistift-Fabrikant Eberhard Faber hier ein Sägewerk und eine Bleistiftmanufaktur betrieb und die Grafitstifte per Eisenbahn nach den Märkten im Norden schaffen ließ.

Mit der Abholzung der Zedernwälder kam der Niedergang. 1896 zerstörte auch noch ein Hurrikan den Ort. Das Island Hotel verlor damals zwar nur sein Dach, aber Cedar Key versank daraufhin in jenen Dornröschenschlaf, in dem es heute noch zu liegen scheint. Und man möchte die schöne Schlafende auch ungern wecken, wenn man an der kleinen Marina vorbei in den Ort rollt. Strände wie in Clearwater würden dieser Idylle wohl den Todesstoß versetzen.

Road to Nowhere

Hiesige Touristiker haben die Küste in der Achselhöhle des Golfs von Mexiko „Hidden Coast" getauft – ein treffender Hinweis auf ihre Einzigartigkeit im Staat

Ganz oben: Eine Autostunde nördlich von Apalachicola beginnt das gleichnamige Naturschutzgebiet, dessen Eichen-, Zedern- und Zypressenbestände sich inzwischen vom einstigen Raubbau der Holzwirtschaft erholt haben. Darunter links/rechts: Lohnend ist auch ein Abstecher zu den südlich von Tallahassee gelegenen Wakulla Springs. In einem Quellteich treten hier die stärksten Karstquellen Floridas aus einem weitverzweigten Höhlensystem aus. Der Bereich um die Wakulla Springs wurde als State Park ausgewiesen, diente früher als Kulisse für Tarzanfilme und ist heute ein beliebtes Naherholungsziel.

Auf einer geführten Wanderung durch den Apalachicola National Forest bekommt man einen guten Eindruck vom „anderen", dem ursprünglichen Florida.

Jamestown oder St. Augustine

Special

Wem gebührt die Krone?

Geschichte wird von Siegern geschrieben, in diesem Fall: von den Briten. Deshalb wurde der Beitrag der Spanier zur amerikanischen Historie lange ignoriert – erst jetzt wird er gebührend gewürdigt.
Als die ersten englischen Siedler in Jamestown (Virginia) an Land wateten (1607), hatte das von den Spaniern 42 Jahre früher, 1565, in Florida gegründete St. Augustine bereits eine Schule, eine Bank und ein Krankenhaus. Dass hier damals bereits die zweite vor Ort geborene europäischstämmige Generation lebte, wurde von der amerikanischen Geschichtsschreibung lange genauso ignoriert wie andere St. Augustine gebührende Premieren, etwa die Gründung von Ft. Mose 1738, der ersten Siedlung freier Schwarzer in Nordamerika, und die Geburt des ersten europäischen Kindes im Jahr 1567. Dennoch titelte 2007, als Jamestown 400 Jahre alt wurde, selbst das angesehene Nachrichten-Magazin TIME: „America at 400". Amerika? Anlässlich der

1874 errichtet: St. Augustines Leuchtturm

500- Jahrfeier Floridas 2013 warben die Stadtväter von St. Augustine deshalb umso agressiver für ihre Stadt, in der neben Spaniern bereits Deutsche, Franzosen, Flamen und Iren lebten, als man in Jamestown noch seine ersten Gehversuche machte. Inzwischen hat man sich eines Besseren besonnen und unterscheidet historisch ganz korrekt zwischen Jamestown (Virginia) als „erster dauerhafter englischer Siedlung in Nordamerika" und St. Augustine (Florida) als „der ältesten durchgehend von Europäern besiedelten Stadt" in den Vereinigten Staaten.

der sonst lückenlos erschlossenen Küstenrandgebiete. Eine ins Nichts führende Straße passt da bestens. Die sogenannte Road to Nowhere beginnt als Hwy. 361 bei Jena, einem winzigen Nest gegenüber dem nur unwesentlich größeren Fischerhafen Steinhatchee. Die ersten Kilometer Asphalt-, dann Staub-, dann wieder Asphaltstraße, führt sie durch eine menschenleere Wald-, Gras- und Sumpflandschaft bis zum Rand einer kargen Salzmarsch. Hier machen dann die unterwegs gehörten Geschichten auf einmal alle Sinn: Bis die Polizei Anfang der 1980er-Jahre dem Treiben ein Ende setzte, benutzten die von Südamerika aus einfliegenden Drogenschmuggler die geraden Abschnitte der Road to Nowhere als Landebahnen. Nachts natürlich, mit ein, zwei Scheinwerfern unter den Tragflächen und Säcken voller Kokain hinter den Sitzen ...

Off-Florida: An der Forgotten Coast

Nach Norden hin signalisiert die Küstenterminologie ebenfalls Off-Florida. Wo der wenig befahrene Hwy. 98/30 auf den Golf von Mexiko trifft, beginnt die „Forgotten Coast". Auch diesen Namen haben findige Touristiker ausgeheckt: Angesicht der bis zum Wasser reichenden Wälder, wo einfache Wochenendhäuser in gebührendem Abstand zueinander liegen und ein Kaff namens Carabelle zwischen einer klapprigen Tankstelle und

Endlose Reihen gesichtsloser Hotelkästen signalisieren, worum es in Panama City Beach fast ausschließlich geht: um Fun am weißen Sandstrand vor dem türkisfarbenen Golf von Mexiko, dessen Küste auch „Redneck Riviera" genannt wird.

Verheißungsvoller klingt da schon der Name „Emerald Coast", Smaragdküste", für den sich ganz im Westen des Panhandles erstreckenden Küstenabschnitts des Golfs von Mexiko (hier mit der Marina des einstigen Fischerdorfs Destin).

Für manche ist das der schönste Abstecher in das „alte Florida": der verträumte Fischerhafen Cedar Key an dem hier nun sinnigerweise „Lost Coast" genannten Küstenabschnitt.

Klar, dass es an einem so abgelegenen Ort Geister gibt: jedenfalls hier im Island Hotel.

einer kleinen Marina vor sich hin döst, scheint diese Bezeichnung völlig in Ordnung zu sein. Die Orte in diesem bis nach Mexico Beach reichenden Abschnitt haben anders als die Resortstädte im Süden eine über Generationen hinweg gewachsene Identität. Das sieht und spürt man vor allem im fotogenen Apalachicola, wo sich die Straße nach der Überquerung der gleichnamigen Bay in einer weiten Schleife zum alten Austernfischerhafen hin senkt und dann an schönen Holz- und Ziegelhäusern vorbeiführt. Das spürt man auch in alten Kneipen wie dem hemdsärmeligen Up the Stairs am Hafen, in denen die Einheimischen über die Zukunft spekulieren. Die Austernfischerei in der einstigen „Oyster Capital" ist vorbei, und der sich an den schier endlosen Stränden der vorgelagerten Barriereinsel St. George konzentrierende Tourismus auch kein Allheilmittel …

Unterwegs nach Tallahassee

Weiter westlich beginnt bald die trubelige Emerald Coast. Landeinwärts dagegen bleibt es ruhig. Hier trifft man auf bäuerliche Weiler und Gemeinden, in die sich selten ein paar Touristen verirren; auch Waldschutzgebiete wie der Apalachicola National Forest prägen das Bild. Noch um das Jahr 1900 herum war das Florida Panhandle das eigentliche Florida. Während es in Miami erst ein paar Häuser im Sumpf gab, war Pensacola am Westrand des Panhandle längst ein geschäftiger Hafen. Heute das Wirtschaftszentrum der Region, diente Pensacola sogar als Hauptstadt der kurzlebigen Kolonie British West Florida – und ist damit eine von drei alten Hauptstädten im Norden.

Die derzeit amtierende liegt anderthalb Autostunden von der Golfküste am Ostrand des Pfannenstiels: Tallahassee, so kleinstädtisch und bemüht wirkend wie hierzulande einst Bonn am Rhein, ist seit dem Jahr 1824 Floridas Hauptstadt. Schon lange davor hatten Franziskaner hier die

Die Austernfischerei ist vorbei, der Tourismus kein Allheilmittel.

Mission San Luis als Teil einer quer durch Nord-Florida reichenden Kette solcher Missionsstationen gegründet, mit deren Hilfe die Spanier seit 1565 sowohl die indigene Bevölkerung kontrollierten als auch die Zuwanderung spanischer Siedler ermutigten.

Wo alles begann: St. Augustine

Im selben Jahr 1565 gründeten sie an der Atlantikküste St. Augustine. Inzwischen auch von der lange auf Jamestown in Virginia beharrenden US-amerikanischen Geschichtschreibung als älteste Stadt der USA akzeptiert, entwickelte sich das heute über 14 000 Einwohner zählende St. Augustine zum Verwaltungssitz von rund 30 spanischen Stützpunkten im Norden des Sunshine State. Das Stadtbild ist noch immer entschieden kolonialspanisch, und wer hier lebt, sagt Sätze wie: „Als Jamestown gegründet wurde, gingen wir gerade durch die erste Renovierungsphase!" Keine Interstate würgt die Stadt, keine Hotelkästen und gigantischen Werbeflächen verunstalten ihr historisches Ambiente. Stattdessen hat St. Augustine immer noch seine krummen, spanischen Namen tragenden Straßen und Gassen, führen gusseiserne Tore in die schattigen Innenhöfe trutziger „casas". Und während das örtliche Fremdenverkehrsamt mit dem „Mickey, who?"-Image kokettiert, arbeiten Historiker, Archäologen und ein Heer freiwilliger Helfer an der Bewahrung des historischen Stadtbildes. Etwa durch die Restaurierung der rund 90 Jahre alten, mit Bögen, Türmchen und Löwenstatuen geschmückten Bridge of Lions gleich vor der Haustür.

SINKHOLES (ERDSENKUNGEN)

Vom Erdboden verschluckt

Wer in Florida wohnt, braucht Vulkanausbrüche und Erdrutsche nicht zu befürchten. Erdbeben sind zwar möglich, aber selten. Floridas größtes geologisches Risiko sind „sinkholes": In diesem Bundesstaat gibt es die höchste Konzentration solcher im Deutschen auch „Erdfall" genannten Erdsenkungen in den USA.

Vor einigen Jahren ging diese Geschichte um die Welt: Am 28. Februar 2013 öffnete sich spätabends in einem Bungalow in Seffner nördlich von Tampa die Erde und verschluckte den schlafenden Hausherrn. Rettungsaktionen der eiligst herbeigerufenen Polizei erwiesen sich als zu gefährlich und mussten abgebrochen werden. Die Wände des 18 Meter tiefen Lochs waren instabil, das Haus drohte einzustürzen. Der 37-jährige Jeff Bush ward nie mehr gesehen. Wie kam es dazu?

Auf porösem Grund

Geologen zufolge liegt der gesamte Bundesstaat auf einem Untergrund aus porösem Karbonatgestein. Darüber befindet sich eine Schicht aus Sand und Lehm. Im Lauf der Zeit zerfrisst säurehaltiges Grund- und Regenwasser dieses Gestein allmählich, was zu Hohlräumen unter der Steindecke führt. Wird die darüber liegende Sand- und Lehmdecke zu schwer, bricht sie zusammen und lässt eine Erdsenkung entstehen.

Tausende solcher sinkholes werden jedes Jahr zwischen Tallahassee im Norden und Miami im Süden gezählt. Bei den meisten sackt der Boden nur leicht ab, wobei flache, mit bloßem Auge kaum wahrnehmbare Trichter entstehen. Aber immer wieder kommt es auch zu spektakulären Unglücken. So bildete sich einige Monate nach der Katastrophe in Seffner unter dem zehn Minuten von Walt Disney World entfernten Summer Bay Resort ein sinkhole und ließ das dreigeschossige Gebäude zum Teil versinken. Die Gäste – 35 Menschen hielten sich zu diesem Zeitpunkt im Resort auf – hör-

Sinkholes gibt es überall in Florida. Immer wieder kommt es auch zu spektakulären Unglücken, bei denen ganze Häuser zerstört werden.

In Zusammenhang mit sinkholes werden in Florida jährlich fast 7000 Schadenersatzansprüche registriert.

Florida ist geradezu vernarbt von sinkholes – der Bundesstaat gleicht einem Schweizer Käse.

ten Fensterglas splittern und Wände bersten, konnten jedoch rechtzeitig evakuiert werden.

Internationale Schlagzeilen machte das Phänomen, als sich am Abend des 8. Mai 1981 in Winter Park im Orange County ein sinkhole zu öffnen begann. In den nächsten Stunden verschluckte es ein Wohnhaus, eine Autowerkstatt mit fünf Porsches, einen Pickup-Truck, ein öffentliches Schwimmbad und ein Stück Straße. Am Abend des 9. Mai waren schließlich 190 000 Kubikmeter Erde in einem etwa 27 Meter tiefen und fast 100 Meter breiten Loch verschwunden.

Ursachen und Gefahren

Zur natürlichen Ursache der Entstehung von sinkholes etwa durch schwere Regenfälle gesellen sich solche, die der Mensch zu verantworten hat. Dazu gehören das Abpumpen von zuviel Grundwasser (auch mit Wasser gefüllte Hohlräume stabilisieren die Hohlraumdecke), das Bohren von Brunnen und selbst die Konzentration von zuviel Oberflächenwasser an wenigen Punkten wie Schwimmbecken, Vorratsbecken, Kläranlagen. Angesichts des anhaltenden Bevölkerungsbooms befürchtet man, dass spektakuläre Erdsenken wie in Winter Park und Seffner in Zukunft verstärkt auftreten werden. Schon sehen Wissenschaftler einen Zusammenhang zwischen dem rasanten Bevölkerungswachstum und dem vermehrten Auftreten von sinkholes. Demnach müssen, weil Bauland in den Städten immer knapper wird, Bauträger zunehmend außerhalb der Städte nach geeigneten Plätzen Ausschau halten. Dabei machen sie hinsichtlich der Eignung des Bodens Kompromisse, um preislich wettbewerbsfähige Häuser auf dem Markt anbieten zu können. Dies bedeutet aber auch, dass der Boden nicht gründlich genug auf potenzielle sinkholes untersucht wird. Von dieser Entwicklung profitieren bislang nur Geologen – und Rechtsanwälte: Im Zusammenhang mit sinkholes werden jährlich in Florida fast 7000 Schadenersatzansprüche registriert.

Zum Weiterlesen ...

... sind die (englischsprachigen) Seiten des Florida Department of Environmental Protection zu empfehlen: www.dep.state.fl.us/geology/geologictopics/sinkhole.htm

Deutschsprachige Quellen weisen darauf hin, dass das geologische Problem auch in solchen deutschen Bundesländern auftritt, in denen es einen hohen Anteil an wasserlöslichem Gestein oder Lockerfallen gibt, etwa in Brandenburg: naturgefahren.brandenburg.de/cms/detail.php/bb1.c.329516.de

Am (und im) Panhandle

Auf der Höhe von Orlando überquert man eine unsichtbare Linie. Südlich von ihr liegt das Florida der Badestrände und Themenparks. Nördlich davon scheint der Sunshine State Atem zu schöpfen. Hier sind die Städtchen älter, die Menschen tief verwurzelt.

❶ St. Augustine

Die älteste stetig von Europäern besiedelte Stadt der USA bietet historische Sehenswürdigkeiten, erstklassige Museen und herrliche Strände.

SEHENSWERT/MUSEEN

Das mit Zugbrücke, Wassergraben und Bastionen versehene **Castillo de San Marcos** (1 S Castillo Dr., tgl. 8.45–17.15 Uhr, Eintritt 15 $) an der Mündung des Matanzas River wurde 1672 errichtet. Es erlebte Angriffe von Piraten und Engländern. Innerhalb der dicken Mauern ist die dramatische Geschichte des Forts dokumentiert. Nördlich vom Castillo inszeniert das **St. Augustine Pirate and Treasure Museum** TOPZIEL (12 S Castillo Dr., tgl. 10.00–19.00 Uhr, Eintritt 15 $) das Zeitalter der Piraten mit Multimedia. Schräg gegenüber vom Castillo geht es durch ein altes Stadttor auf die St. George Street. Rund um die alte, bis zur Plaza de la Constitución führende **Calle Real** konzentriert sich die Altstadt. Schmuckwarenläden, Restaurants und historische Hot Spots säumen die autofreie Straße, darunter das **Colonial Quarter** (33 St. George St., tgl. 10.00–18.00 Uhr, Eintritt 13 $), in dem kostümierte Darsteller den spanischen Alltag aufleben lassen und zwei Themen-Restaurants zeitgenössische Kost servieren. Die im spanisch-maurischen Stil errichtete **Cathedral Basilica of Saint Augustine** (38 Cathedral Place) wurde 1797 geweiht und ist bis heute das Zentrum der ältesten katholischen Gemeinde der USA. Ihre Nordseite grenzt an die schöne, mit Palmen und Bänken bestandene Plaza de la Constitución, den 1598 angelegten Zentralplatz der Stadt. An ihm liegen das historische Luxushotel Casa Monica, das interdisziplinäre **Lightner Museum** (75 King St., tgl. 9.00–17.00 Uhr, Eintritt 10 $) und das **Flagler College** (74 King St., tgl. Touren 10.00–15.00 Uhr, 10 $). Das prachtvolle Interieur des heute als Hochschule genutzten Gebäudes lässt sich auf geführten Touren erschließen.

RESTAURANTS/UNTERKUNFT

Die rustikale €/€€ **Taberna del Caballo** (im Colonial Quarter, 37 St. George St., Tel. 90 43 42-28 67) serviert alte spanische Gerichte wie geröstetes Schwein mit schwarzen Bohnen. Steaks, Seafood und frische Salate drinnen und auf schöner Terrasse gibt es im geschäftigen €€ **Creekside Dinery** (160 Nix Boat Yard Rd., Tel. 90 48 29-61 13). Eine ideale Basis für die Erkundung der Altstadt von St. Augustine ist der €€/€€€ **St. George Inn** (4 St. George Street 101, Tel. 90 48 27-57 40, www.stgeorgeinn.com), eine schöne, aus mehreren Häusern bestehende Unterkunft mit Innenhof.

INFORMATION

St. Augustine, Ponte Vedra & The Beaches Visitors and Convention Bureau, 29 Old Mission Ave., St. Augustine, Tel. 1-80 06 53-24 89, www.floridashistoriccoast.com

❷ Gainesville

Die Universitätsstadt (132 000 Ew.) lockt mit Kultur, Studenten-Bohème und viel Grün im Stadtzentrum.

SEHENSWERT/MUSEEN

Das **Matheson Museum** (513 E University Ave, Mo.–Do. 9.30–15.30 Uhr, Eintritt kl. Spende) informiert über die mit den Timucuan-Indianern beginnende Stadtgeschichte. Als größtes Naturkunde-Museum im Südosten der USA beherbergt das **Florida Museum of Natural History** (3215 Hull Rd, Tel. 35 28 46-20 00, Mo.–Sa. 10.00–17.00, So. erst ab 12.00 Uhr, Eintritt frei) über 34 Mio. Objekte und Artefakte. Besonders sehenswert: der „Butterfly Rainforest"! Freunde der Schönen Künste kommen im **Samuel P. Harn Museum of Art** (3259 Hull Rd., Di.–Fr. 11.00–17.00, Sa. ab 10.00, So. ab 13.00 Uhr, Eintritt frei) auf ihre Kosten. Wie die Menschen von Gainesville vor dem Bürgerkrieg lebten, zeigt eindrucksvoll die von Sklaven gebaute **Historic Haile Homestead** (8500 SW Archer Rd., gef. Touren Sa. 10.00–14.00, So. 12.00–16.00 Uhr, 5 $ pP, www.hailehomestead.org).

In Micanopy, südlich von Gainesville, scheinen die Uhren langsamer zu gehen.

RESTAURANTS/UNTERKUNFT

Zwei Essstuben unter einem Dach: Im kleinen € **Bistro 1245** (1245 W. University Ave., Tel. 35 23 76-00 00, tgl. 11.00–20.00 Uhr) gibt es geschmorten Lachs und in Ahornsirup gegrilltes Hühnchen, im € **Leonardo's by the Slice** (1245 W University Ave., Tel. 35 23 75-20 07) die beste Pizza der Stadt. In Florida selten: In der €€/€€€ **Herlong Mansion** (402 NE Cholokka Blvd., Tel. 35 24 66-33 22, www.herlong.com), einer historischen Residenz von 1880 in Micanopy, träumt man in Himmelbetten und genießt den Duft von Magnolien.

UMGEBUNG

Südlich von Gainesville liegt im Schatten moosbehängter Eichen der 600-Seelen-Weiler **Micanopy**. 1821 gegründet, lohnt ein Spaziergang über den von altmodischen Läden und Südstaaten-Residenzen gesäumten Cholokka Blvd.

INFORMATION

Alachua County Visitors & Convention Bureau, 30 E University Ave., Gainesville, Tel. 35 23 74-52 60, www.visitgainesville.com

❸ Crystal River

Im Winter ist das 3000-Einwohner-Städtchen Ziel mehrerer Hundert tierischer „Snow Birds": In der kühlen, zum **Crystal River National Wildlife Refuge** TOPZIEL (www.fws.gov/refuge/Crystal_River) erklärten Kings Bay finden die Manatees ein geeignetes Refugium. Mehrere Anbieter vor Ort organisieren Tauchtouren zu den sanften Riesen. Trockenen Fußes kann man die Manatees von einem Unterwassertank im nahen **Homosassa Springs Wildlife State**

INFOS & EMPFEHLUNGEN

Park (4150 S. Suncoast Blvd., tgl. 9.00–17.30 Uhr, Eintritt 13 $) aus beobachten.

RESTAURANT/UNTERKUNFT
Am Ufer der Kings Bay bieten Grill und Tiki-Bar des €/€€ Cracker´s (502 NW 6th St., Tel. 35 27 95-39 99) solides Pub-Food. Ein paar Meter weiter kann man im €/€€ Best Western Crystal River Resort (614 Hwy. 19, Tel. 35 27 95-31 71, www.crystalriverresort.com) übernachten. Im Haus ist auch das auf geführte Manatee-Tauchtouren spezialisierte Crystal Lodge Dive Center (Tel. 35 27 95-67 98).

INFORMATION
Discover Crystal River, 915 N. Suncoast Blvd., Crystal River, Tel. 35 27 94-55 06, www.visitcitrus.com

❹ Cedar Key

Wer es bis nach Cedar Key schafft, der erlebt dort keine spektakulären Sehenswürdigkeiten, sondern entspannte Abende auf der Veranda in einem Florida, das es nur noch selten gibt.

SEHENSWERT/MUSEUM
Die abwechslungsreiche Geschichte des Orts zeigt das kleine Historical Society Museum (609 2nd St., So.–Fr. 13.00–16.00, Sa. 11.00 bis 17.00 Uhr, Eintritt kl. Spende). Im Lower Suwannee National Wildlife Refuge (www.fws.gov/lowersuwannee) kann man von einem Shell Mound aus, einem Hügel aus prähistorischen Muschelabfällen, den Blick über die unerschlossene Küstenwildnis genießen. Zu den Ibissen und Kranichen im aus 13 Inseln bestehenden Cedar Key National Wildlife Refuge (www.fws.gov/cedarkeys) geht es mit Cedar Key Boat Rentals & Island Tour (Dock Ecke A Sts., Tel. 35 22 31-44 35, www.cedarkeyboatrentalsandislandtours.com).

RESTAURANTS/UNTERKUNFT
Eine Oase mit Meeresblick ist das schnörkellose Seafoodgerichte zubereitende €€ Steamers Clam Bar & Grill (420 Dock St., Tel. 352 543 5142). Hemdsärmeliger geht es im für seine Muschelsuppe berühmten €/€€ Tony's Seafood Restaurant (597 2nd St., Tel. 35 25 43-00 22) zu. Das historische €€ Island Hotel (373 2nd St., Tel. 35 25 43-51 11, www.islandhotel-cedarkey.com) ist für jeden Besucher die obligatorische Herberge.

INFORMATION
Levy County Visitors Bureau, 620 N Hathaway Ave., Bronson, Tel. 35 24 86-33 96, www.visitnaturcoast.com

❺ Tallahassee

Mit ihren Alleen aus alten Eichen, schwerem Magnolienduft und dem gedehnten Dialekt vieler Bewohner ist Floridas Hauptstadt dem Alten Süden näher als dem geografischen.

SEHENSWERT/MUSEUM
Floridas Geschichte von den Ureinwohnern bis heute arbeitet das exzellente Museum of Florida History auf (500 S Bronough St., Mo.–Fr. 9.00–16.30, Sa. 10.00–16.30, So. 12.00–16.30 Uhr, Eintritt frei). Die Zeit des Kulturkontakts zwischen den Spaniern und den Apalachee-Indianern lässt die Mission San Luis Archaeological and Historic Site (2100 W Tennessee St., Di.–So. 10.00–16.00 Uhr, Eintritt 5 $) am Stadtrand aufleben: Wo die Spanier 1656 ihre Missionsstation errichteten, befindet sich heute ein schönes Freilichtmuseum mit Nachbauten u.a. eines indianischen Versammlungshauses.

RESTAURANTS/UNTERKUNFT
Im €/€€ Jasmine Café (109 E College Ave., Tel. 85 06 81-68 68) gibt es das beste Sushi der

> **Tipp**
>
> ## In die Unterwelt
>
> Das ist mal etwas anderes: Der **Florida Caverns State Park** bei Marianna (nordwestl. von Tallahassee) bietet als einziger State Park in Florida Touren durch ein weitläufiges Höhlensystem an. Jahrtausendealte, an Hochzeitskuchen und Orgelpfeifen erinnernde Kalksteinskulpturen erwarten den Besucher. Zum Park gehören auch ein Quelltopf mit klarem Wasser und der als Paddelrevier beliebte Chipola River.
>
>
>
> **WEITERE INFORMATION**
> 345 Caverns Rd., Marianna, tgl. 8.00 bis Sonnenuntergang, Eintritt 5 $ pro Auto, Tel. 85 04 82-12 28, www.floridastateparks.org/floridacaverns

Stadt. Ein elegantes Bistro-Restaurant ist das €€€/€€€€ Andrew's 228 im Historic District rund um Park Ave. und Calhoun St. mit organischem Grillhühnchen, Seafood, Cioppino. Vom bequemen Designerhotel €€€ Aloft Tallahassee Downtown (200 N Monroe St., Tel. 85 05 13-03 13, https://www.marriott.com/hotels/travel/tlhal-aloft-tallahassee-downtown) aus ist der Historic District gut zu Fuß erreichbar.

UMGEBUNG
26 km südlich von Tallahassee liegen die Wakulla Springs (465 Wakulla Park Dr., tgl. 8.00 bis Tagesende, Eintritt 6 $ pro Auto). Baden und schöne Trips mit dem Glasbodenboot sind hier möglich.

INFORMATION
Visit Tallahassee, 106 E Jefferson St., Tel. 85 06 06-23 05, www.visittallahassee.com

❻ Apalachicola

Dass sich Apalachicola einst als drittgrößter Hafen am Golf von Mexiko Pferderennbahn und Oper leisten konnte, sieht man dem schläfrigen 2300-Einwohner-Städtchen noch an: Handelskontore und Baumwoll-Lagerhäuser aus Holz und Ziegelstein säumen die Market St., hügelan träumen schöne viktorianische Holzhäuser zwischen alten Eichen.

Links: In weiter Ferne, so nah – der Golf von Mexiko mit dem Panama City Beach im Vordergrund. Unten links: Unterwegs im Crystal River National Wildlife Refuge. Unten rechts: Südstaatenarchitektur im Norden von Tallahassee

SEHENSWERT/MUSEEN

Das **Apalachicola Maritime Museum** (103 Water St., Mo.–Sa. 10.00–17.00, So. 13.00–17.00 Uhr, Eintritt kl. Spende) beschäftigt sich mit der Seefahrer- und Fischertradition am Golf. Wohl das schönste Haus der Stadt ist das **Orman House** (177 5th St., Do.–Mo. 9.00–12.00, 13.00 bis 17.00 Uhr, Eintritt 2 $). Den hiesigen Erfinder der Eismaschine, einen um das Wohl seiner Gelbfieber-Patienten besorgten Arzt, ehrt das **John Gorrie Museum** (46 6th St., Do.–Mo. 9.00–17.00 Uhr, Eintritt 2 $).

RESTAURANT/UNTERKUNFT

Auf steiler Treppe geht's zu Seafood, Steaks und Cocktails, dann bestellt man im €€ **Up the Stairs** (76 Market St., Tel. 85 06 53-48 88) an der Theke und sucht sich einen Platz. Eine elegante, in tropische Vegetation gebettete Bleibe ist der sich auf drei historische Häuser verteilende €€ **Coombs Inn** (80 6th St., Tel. 85 06 53-91 99, www.coombshouseinn.com). Als wunderbare Herberge auf halbem Weg zwischen Gainesville und Apalachicola präsentiert sich der €€ **Sweet Magnolia Inn** (803 Port Leon Dr., Tel. 85 09 25-76 70, www.sweetmagnoliainnbandb.com) mit sechs Suiten in St. Marks.

INFORMATION

Apalachicola Bay Chamber of Commerce, 122 Commerce St., Apalachicola, Tel. 85 06 53-94 19, www.apalachicolabay.org

❼–❾ Emerald Coast

Als Spring-Break-Destination berüchtigt, bietet die Emerald Coast zwischen St. George Island und Ft. Walton Beach dennoch mehr als nur Remmidemmi in Hotelkästen und Tiki-Bars.

❼ **Panama City Beach:** Die Schwesterstadt der Industrie- und Hafenstadt Panama City besitzt viele Kilometer makelloser Strände.

❽ **Destin:** Der 14 000-Einwohner-Hafen am Ausgang der Choctawhatchee Bay ist Ziel von Sportanglern aus aller Welt: Das **Destin History & Fishing Museum** (108 Stahlman Ave., Di.–Sa. 10.00–16.00, So. 13.00–17.00 Uhr, Eintritt 5 $) dokumentiert die Geschichte des einstigen Fischernests.

❾ **Fort Walton Beach:** Außer dem Strandtourismus hat die 21 000-Einwohner-Stadt ein zweites Standbein: Die Eglin Air Force Base gehört zu den größten Luftwaffenstützpunkten der USA. Dem gerecht wird das **Air Force Armament Museum** (100 Museum Dr., Mo.–Sa. 9.30 bis 16.30 Uhr, Eintritt frei) mit über 5000 Objekten.

UNTERKUNFT

Das €€/€€€ **Legacy by the Sea** (15325 Front Beach Rd., Tel. 888 627 0625, http://bythesearesorts.com/legacy-by-the-sea) ist ein Strandhotel mit Shoppingmöglichkeiten.

INFORMATION

Emerald Coast Convention & Visitors Bureau, 1540 Miracle Strip Pkwy SE, Fort Walton Beach, Tel. 850 651-7131, www.emeraldcoastfl.com

---

Genießen   Erleben   **Erfahren**

Schwimmen durch flüssiges Licht

DuMont Aktiv

Mit mehr als 700 „springs" ist der Norden von Florida die Region mit den meisten Süßwasserquellen in den ganzen Vereinigten Staaten. Schwimmer und Taucher finden in den mit glasklarem Wasser gefüllten Quelltöpfen paradiesisch anmutende Bedingungen vor.

Dieses Wasser ist unwiderstehlich. Metallic blau und so klar, dass man es nur sieht, wenn ein leichter Wind die Oberfläche aufkräuselt, stammt es aus einer Kalksteinschicht, die dicht unter der Oberfläche Floridas Grundwasser speichert.

Viele Quellen, vor allem die von State Parks geschützten, unterstützen das komplette Ökosystem mit einer nur dort gedeihenden Flora. Die Wassertemperatur beträgt hier ganzjährig 20 bis 21 °C, in der tropischen Wärme ist ein Bad demnach ein rechter Jungbrunnen. Die zum Baden ausgewiesenen Quellen sind mit Umkleiden und Picknickplätzen bestens auf Gäste vorbereitet.

Weitere Informationen

Ichetucknee Springs State Park
Schwimmen, schnorcheln, paddeln. Schöne Wanderwege!
12087 SW US-27 Fort White,
Tel. 38 64 97-46 90
tgl. ab 8.00 bis Sonnenuntergang
Eintritt 6 $ pro Auto

Blue Spring State Park
Dschungel-Feeling dank dicht bewaldeter Ufer. Im Winter Manatees! 2100 W French Ave., Orange City, Tel. 38 67 75-36 63
tgl. ab 8.00 bis Sonnenuntergang
Eintritt 6 $ pro Auto

Das grüne Leuchten: im Ichetucknee Springs State Park

UNSERE FAVORITEN

Die interessantesten Museen

Florida für Insider

Zugegeben: Angesichts der schönen Strände und des fantastischen Badewetters im Sunshine State genießt der Museumsbesuch bei den wenigsten Florida-Reisenden die höchste Priorität. Dabei gäbe es hier so manche Überraschung zu erleben. Unsere Favoritenauswahl stellt Ihnen vornehmlich solche Museen vor, die Floridas eher weniger bekannte Seiten beleuchten.

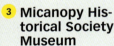

① Rawlings Historic State Park, Cross Creek

In Florida, wo kaum ein Haus älter ist als 40 Jahre, ist das noch aus dem frühen 20. Jahrhundert stammende Farmhaus der Schriftstellerin Marjorie Kinnan Rawlings (1896–1953) eine echte Rarität. Vor der Erfindung der Klimaanlage im „Cracker"-Stil gebaut, sorgen ein weit über die Fenster und Veranden kragendes Dach für Schatten und zahlreiche Fenster für Durchzug. Orangen- und Grapefruitbäume umgeben das zeitgenössisch eingerichtete Haus, das anderthalb Autostunden nördlich von Orlando steht und Einblicke in den Alltag der Autorin sowie der Orangenbauern aus der Zeit vor Disneyworld vermittelt. Den Durchbruch erreichte Kinnan Rawlings mit ihrem 1938 erschienenen Roman „The Yearling" (deutsch „Frühling des Lebens", 1939), für den sie mit dem Pulitzerpreis ausgezeichnet wurde. Er wurde ebenso verfilmt wie ihr 1942 erschienener autobiografischer Roman „Cross Creek" (dt. „Cross Creek – Ich kämpfe um meine Freiheit").

18700 S. CR 325, Cross Creek, Tel. 35 24 66-36 72, tgl. 9.00–17.00 Uhr, geführte Touren Do.–So. ab 10.00 Uhr jede volle Stunde, 3 $, www.floridastateparks.org/hours-and-fees/Marjorie-Kinnan-Rawlings

② Orlando Museum of Art

Mit seiner vor einigen Jahren gestarteten Initiative „The Florida Prize in Contemporary Art" nimmt dieses Kunstmuseum im Norden von Orlando eine Sonderstellung ein: Um dem topaktuellen Kunstschaffen des Staates Anerkennung zu verschaffen, präsentiert das Museum jedes Jahr zehn herausragende Kreative aus der einheimischen Künstlerszene. Die gezeigten, in allen nur denkbaren Materialien gestalteten Schöpfungen sind absolut sehenswert!

2416 North Mills Ave., Tel. 40 78 96-42 31, www.omart.org, Di.00–Fr. 10.00–16.00 Sa./So. 12.00–16.00 Uhr, 15 $

③ Micanopy Historical Society Museum

Empfangen wird man von einem wohlinformierten freiwilligen Mitarbeiter, als Eintrittspreis wird schüchtern eine Spende in Höhe von zwei US-Dollar vorgeschlagen: Willkommen im kleinen, aber feinen Stadtmuseum im schläfrigen Historic District von Micanopy, 20 Minuten südlich von Gainesville! Hinterher spendiert man gern das Vierfache. Die Präsentation der Stadtgeschichte vom ersten, um 1820 gegründeten Dorf über Wilma's Schönheitssalon bis hin zu einem hier gefunden Indianereinbaum ist spannend, unterhaltsam und einfach sehr schön!

607 NE 1st Ave., Tel. 35 24 66-32 00, www.micanopyhistoricalsociety.com, tgl. 13.00 – 16.00 Uhr

④ World Erotic Art Museum, Miami

Aus der Antike eindeutige Figurinen, aus dem Japan des 17. Jahrhunderts kunstvoll illustrierte Sexualfibeln für Frischvermählte, und auch von Rembrandt, Dalí und Picasso zeigt man Saftiges; dazu erigierte Glieder en masse: Es gibt wohl keinen besseren Ort für dieses geschmackvoll und nicht ohne Augenzwinkern inszenierte kleine Museum als hier an SoBe's wilder Partymeile. Passend dazu sind die Öffnungszeiten so geregelt, dass auch Nachtschwärmer noch vorbeischauen können.

1205 Washington Ave., Tel. 30 55 32-93 36, www.weam.com, Mo.–Do. 11.00–22.00 Uhr, Fr.–So. 11.00 bis 24.00 Uhr, 15 $

UNSERE FAVORITEN
114 – 115

5 Mount Dora Museum of Speed

Dieses Museum 45 Minuten nördlich von Orlando ist eine einzige Liebeserklärung an die US-amerikanische Roadtripkultur. Zu bestaunen sind nicht nur historische Traumautos und seltene Liebhabermodelle, sondern auch hochgezüchtete „muscle cars", eine Tankstelle aus den 1940er-Jahren, alte Musikboxen und Coca-Cola-Automaten sowie von Rockmusikern handsignierte E-Gitarren.

206 N. Highland St., Mount Dora, Tel. 35 23 85-00 49, Mo.–Fr. 10.00–17.00 Uhr, 18 $, www.classicdreamcars.com/THEMUSEUM.html

6 National Museum of Naval Aviation, Pensacola

Mit rund 30 000 Quadratmetern drinnen und weiteren 150 000 draußen hat das auf der Naval Air Station Pensacola liegende Nationalmuseum der Luftwaffe der amerikanischen Marine reichlich Platz für seine über 150 ausgemusterten Flugzeuge. Man kann sich auch in einen Flugsimulator setzen und von März bis Dezember jeweils Di. und Mi. den berühmten Formationsgeschwader der Blue Angels beim Training zuschauen. Langeweile kommt hier nicht auf!

1750 Radford Blvd., Tel. 80 03 27-50 02, tgl. 9.00–17.00 Uhr, Eintritt frei, www.navalaviationmuseum.org

7 A.E. Backus Museum, Fort Pierce

Die schön am North Indian River Drive liegende Museumsgalerie widmet sich dem Leben und Wirken von A. E. Backus (1906–1990), einem der bekanntesten Landschaftsmaler Floridas. Inspiration fand der Künstler und Menschenfreund auf seinen Roadtrips durch den Sunshine State. Dabei beeinflusste er auch die „Florida Highwaymen", eine lose Gruppe fahrender afroamerikanischer Maler, die ihren Lebensunterhalt mit dem Verkauf ihrer Werke am Straßenrand verdienten. Das Museum zeigt eine beeindruckende Kollektion ihrer Bilder und erzählt ihre Geschichte.

500 N. Indian River Dr., Tel. 77 24 65-06 30, Mi. bis Sa. 10.00–16.00, So. erst ab 16.00 Uhr, 5 $, www.backusmuseum.com

8 Jewish Museum of Florida, Orlando

Toleranz predigen in einer immer kleiner und komplizierter werdenden Welt: Dieses schöne, in einer ehemaligen Synagoge untergebrachte Museum in Miami Beach ist nicht nur mit dem gebotenen Ernst bei der Sache, sondern zeigt hin und wieder auch Humor – zum Beispiel, wenn es ein Haus aus Bagels bauen lässt. Die permanente Ausstellung führt durch die über 250-jährige Geschichte der Juden in Florida, die auch im Sunshine State nicht immer konfliktfrei verlief.

301 Washington Ave., Tel. 30 56 72-50 44, Di.–So. 10.00–17.00 Uhr, 6 $, https://jmof.fiu.edu

Bei Gainesville (oben): Unterwegs im noch sehr ursprünglich gebliebenen Norden des Bundesstaates. Rechts: Zwischenstopp beim Carabelle Junction Café im Apalachicola National Forest.

Service

Praktische Informationen für die Reise und einiges Wissenswerte über Florida haben wir hier für Sie zusammengetragen.

Anreise

Lufthansa und **United Airlines** bieten täglich Non-Stop-Flüge ab Frankfurt und Düsseldorf nach Miami, Orlando und Fort Myers an. Die Flugdauer beträgt 10 bis 11 Stunden. Preiswertere Direktflüge mit einer oder mehreren Zwischenlandungen werden von US Airways, KLM, Delta und Air France angeboten.

Auskunft

In Florida: Visit Florida (2540 W. Executive Center Circle, Suite 200, Tallahassee, Florida 32301, Tel. 1-850 488-5607, www.visitflorida.com).
Im Internet: Hübsche Strandhotels, Inns und Cottages mit Niveau findet man bei Superior Small Lodging (www.floridassl.org). Über 100 schnuckelige B&B's werden von Florida Bed & Breakfast Inns (www.florida-inns.com) repräsentiert.
Die Florida Attractions Association (www.floridaattractions.org) listet mehrere Hundert Sehenswürdigkeiten und State Parks auf. Wanderwege und Kanurouten bündelt die auch Karten im PDF-Format bereitstellende Florida Trail Association (www.floridatrail.org).

Auto fahren

Der nationale Führerschein wird anerkannt, ein internationaler Führerschein empfohlen. Einige Besonderheiten im amerikanischen Straßenverkehr verdienen besondere Aufmerksamkeit. So darf, falls der Verkehr es zulässt und nicht anders ausgewiesen ist, bei Rot rechts abgebogen werden. Wenn ein Polizeifahrzeug auf dem Seitenstreifen hält, muss auf die am weitesten von der Polizei entfernte Fahrbahnspur gewechselt werden. Es besteht allgemeine Anschnallpflicht. Kinder unter drei Jahren müssen in einem staatlich genehmigten Kinderautositz reisen. An Kreuzungen mit Stoppzeichen an allen Einmündungen wird die Vorfahrt nach dem Wer-zuerst-kommt-Prinzip geregelt. Vorsicht bei den knallgelben Schulbussen: Wenn diese mit Warnblinklicht am Straßenrand halten, hat der Verkehr in beiden (!) Richtungen zu stoppen. Auf mehrspurigen Highways darf auch rechts überholt werden. Beim Thema Alkohol gilt „zero tolerance": Alkoholsünder werden streng bestraft. Auf manchen Highways erhebt man Gebühren, u.a. auf dem Florida Turnpike von Ocala nach Homestead und auf der I-75 von Miami nach Naples. Gebührenpflichtig sind auch einige Brücken vom Festland nach den Inseln.

Botschaften/Konsulate

Deutsches Generalkonsulat: 100 N Biscayne Blvd., Suite 2200, Miami, Florida 33132, Tel. 305 358-0290, www.germany.info
Österreichisches Konsulat: 2445 Hollywood Blvd., Hollywood, Florida 33020, Tel. 954 925-1100, www.austrianconsulatemiami.com
Schweizer Konsulat: c/o Panalpina Inc., 703 Waterford Way, Suite 890, Miami, Florida 33126, Tel. 305 894-1300, www.eda.admin.ch/eda/de

Camping

Den ganzen Tag am Strand verbringen – und die Nacht gleich dazu: Florida bietet mehr als 900 Campingplätze mit gut 100 000 Zelt- und Stellplätzen. Die meisten davon befinden sich in State Parks in unmittelbarer Strandnähe. Da sie ungemein populär sind, empfiehlt es sich, viele Monate im Voraus zu buchen. Hilfreich ist hierbei die Website **Florida State Parks** (www.floridastateparks.org), die über ein effektives Online-Reservierungssystem verfügt.

Einreise

Aufgrund der verschärften Sicherheitsmaßnahmen bei Flügen in die USA sollte man bei Reiseantritt mindestens drei Stunden für die Kontrollen einplanen. Für die Einreise ist der rote, maschinenlesbare Europa-Reisepass erforderlich. Nach Oktober 2006 ausgestellte Reisepässe müssen zusätzlich über biometrische Daten in Chipform verfügen. Seit Januar 2009 gilt zudem das elektronische Reisegenehmigungsverfahren ESTA, mit dem mindestens 72 Stunden vor Reiseantritt die Einreiseerlaubnis online eingeholt werden muss. Die ESTA-Beantragung ist gebührenpflichtig. Auf der ESTA-Webseite kann man sich zu diesbezüglichen Fragen informieren (https://esta.cbp.dhs.gov/esta/).

Essen und Trinken

Florida macht jeden Besucher satt. Der anspruchslose Gaumen wird überall im Sunshine State die auch von zu Hause bekannten Fastfood-, Bistro- und Coffeeshop-Ketten finden. Doch wer hinter die all-amerikanische Burger- und Sandwich-Fassade schaut, entdeckt eine quicklebendige regionale Küche, die sich als kreatives und stets in Bewegung befindliches Resultat lokaler Produkte und Rezepte aus aller Welt definiert. Als grobe Faustregel gilt: Im Süden, besonders im Großraum Miami, ist der Einfluss Lateinamerikas unübersehbar. Dort reicht die Palette vom „cuban sandwich" mit

Wandmalerei in Ybor City, dem von vielen kubanischen Migranten geprägten Viertel in Tampa.

seinen dicken Schinkenscheiben bis zur Bohnensuppe „sopa de frijoles negros". In der Inselwelt der Florida Keys begegnet jeder früher oder später den „Conch Fritter" genannten, in Fett gebackenen Muschelklößchen sowie Key Lime Pies, unwiderstehlichen Torteletten aus Eierschaum mit Limettensaft. Im Übrigen sind Fisch, Meeresfrüchte und Rindfleisch im Süden wie im Norden feste Bestandteile jeder Speisenkarte. Durch die Nähe zum Alten Süden werden diese im Norden gern nach traditionellen Südstaatenrezepten zubereitet. „Crawfish" genannte Süßwasserkrebse und „crab cakes" (Krabbenpuffer) werden mit scharfen kreolischen Zutaten gewürzt, ein Maisbrei namens „grits" wird gern als Ergänzung zum Frühstück gereicht.

Bei den Alkoholika trumpft Florida mit exotischen Cocktails auf: Klassiker wie „Mojito" (weißer Rum und Limettensirup mit zerriebener Minze), „Margarita" und „Daiquiri" (weißer Rum, Limettensaft und Zuckerrohrsirup) sind vor allem in den Küstenorten leicht zu finden. Dabei beschränken Amerikas strenge Alkoholgesetze den Genuss auch in Florida auf Bars und Restaurants. Alkoholkonsum auf der Straße und in Parks ist streng untersagt.

Feiertage und Feste

Banken, öffentliche Ämter und Postämter sind an den nachstehend aufgeführten Feiertagen geschlossen. Darüber hinaus ist es möglich, dass manche Attraktionen und viele Geschäfte, Restaurants, Museen an diesen Tagen ebenfalls geschlossen sind bzw. kürzere Öffnungszeiten haben.

1. Januar (Neujahr)
Dritter Montag im Januar (Martin Luther King Jr. Day/Gedenktag)
Dritter Montag im Februar (President's Day/Präsidentengedenktag)
Letzter Montag im Mai (Memorial Day/Volkstrauertag)
4. Juli (Independence Day/Unabhängigkeitstag)
Erster Montag im September (Labor Day/Tag der Arbeit)
Zweiter Montag im Oktober (Columbus Day/Kolumbusgedenktag)
11. November (Veteran's Day/Veteranengedenktag)
Vierter Donnerstag im November (Thanksgiving Day/Erntedankfest)
25. Dezember (Weihnachten)

Geld

Landeswährung ist der in 100 Cent unterteilte US-Dollar. Im Umlauf sind Banknoten mit einem Nennwert von US-$ 1, US-$ 5, US-$ 10, US-$ 20, US-$ 50 und US-$ 100. Ältere Banknoten sind durchweg grün, sehen sich sehr ähnlich und unterscheiden sich nur durch die unterschiedlichen Beträge und Präsidentenportraits. Die neueren Banknoten haben verschiedene Farben, Hintergründe und Designs, unterschiedliche Wasserzeichen und andere Sicherheitsmerkmale. Im Umlauf befindliche Münzen sind der Penny (1 Cent), der Nickel (5 Cent), der Dime (10 Cent) und der Quarter (25 Cent). Fremdwährung kann an den meisten Flughäfen, bei Banken und privaten Wechselstuben wie American Express oder Thomas Cook sowie in manchen Hotels eingetauscht werden. Wechselstuben in internationalen Flughäfen sind Mo.–Sa. in der Regel bis zur Ankunft des letzten internationalen Flugs geöffnet, bieten aber meist schlechtere Wechselkurse. Geldautomaten (engl. *Automatic Teller Machines* bzw. ATMs) sind in Banken, Lebensmittelgeschäften, Einkaufszentren und an vielen Tankstellen zu finden. Die meisten Banken sind Mo.–Fr. 9.00–16.00 Uhr, in Tourismusorten auch Sa. morgens geöffnet. Travellerschecks (Reiseschecks) sind immer noch das sicherste Zahlungsmittel. Kreditkarten werden in Hotels, Geschäften, Restaurants und Autovermietungen akzeptiert.

In Geschäften, Restaurants und Freizeitparks wird auf die angegebenen Preise eine Verkaufssteuer (Sales Tax) zwischen 6 und 7 Prozent erhoben. Bei abhanden gekommenen Kreditkarten oder Travellerschecks sollten diese gebührenfreie Nummern angerufen werden:

Kreditkarten
American Express: 800 297-8500
Diners Club: 800 234-6377
Discover: 800 347-2683
MasterCard/EuroCard: 800 627-8372
Visa: 800 847-2911
Travellerschecks
American Express: 800 221-7282
Thomas Cook: 888 713-3424
Visa: 800 227-6811

Info

Daten & Fakten

Staat: Florida ist 170 300 km² groß und zählt 21 Mio. Einwohner. Die Hauptstadt ist Tallahassee, die Amtssprache englisch.
Landesnatur: Florida liegt mehrheitlich auf einer Atlantik im Osten und den Golf von Mexiko im Westen voneinander trennenden Halbinsel. Im Nordwesten läuft Florida im schmalen, seiner Form wegen so genannten Panhandle aus. Im Norden grenzt der Sunshine State an die US-Bundesstaaten Georgia und Alabama, Nachbarn im Süden und Südosten sind die Bahamas und Kuba. Höchster Punkt in der sonst weitgehend flachen Landschaft ist Britton Hill bei Lakewood mit 105 m über dem Meeresspiegel. Geologisch ist Florida ein Plateau aus porösem Karst. Im Norden herrscht subtropisches, von feuchtheißen Sommern und milden Wintern geprägtes Klima, in den Küstengegenden im Süden herrschen das ganze Jahr über tropische Temperaturen. Die meisten Menschen leben in den Ballungsgebieten an den Küsten, vor allem in Greater Miami und in der Tampa Bay.
Politik und Gesellschaft: Florida trat der Union 1845 als 27. Bundesstaat bei und besitzt eine eigene, teilsouveräne Regierung mit Exekutive, Judikative und Legislative. An der Spitze steht der auf vier Jahre gewählte, mit Exekutivgewalt ausgestattete und zu einer der zwei Parteien (Republikaner, Demokraten) gehörende Gouverneur mit seinem Kabinett. Drei Viertel aller Floridians sind Weiße oder Hispanics, 16 % Afro-Amerikaner.
Wirtschaft: Floridas bei Weitem größte Einnahmequelle ist der Tourismus. An zweiter Stelle folgt die Landwirtschaft mit Orangen (Florida produziert 75 Prozent aller Orangen des Landes), Pampelmusen, Zierpflanzen, Gemüse und Viehzucht. Weitere bedeutende Branchen sind Raumfahrt, Baugewerbe, High Tech und Gesundheitstechnologie.
Umweltprobleme, Naturschutz: Neben dem vom Klimawandel verursachten Ansteigen des Meeresspiegels sind der Erhalt der seit den 1940er-Jahren um die Hälfte geschrumpften Everglades, die allgemeine Wasserknappheit und die sogenannte *non-point pollution*, bei der es gleich mehrere, meist schwer identifizierbare Wasserverschmutzer gibt, die drängendsten, bislang von der Regierung nur halbherzig angegangenen Probleme im Lande.

Edle Speisen jenseits von Burger & Co. serviert das Restaurant Blue Door im Hotel Delano in South Beach (Miami): Avocado-Guacomole und Salat von der Blaukrabbe auf würzigem Tomatensaucen-Spiegel mit frittierter Garnele

Sushi satt: In der Lincoln Avenue in South Beach (Miami) kommt frischer Fisch auf den Tisch.

Info

Geschichte

12 000–10 000 v. Chr.: Paläoindianische Jäger und Sammler erscheinen in Florida.
1513: Juan Ponce de León landet bei St. Augustine und nimmt Florida für Spanien in Besitz. Bis zum 18. Jh. dezimieren Kriege und eingeschleppte Krankheiten die indigene Bevölkerung weitgehend.
1763: Am Ende des Siebenjährigen Krieges tritt Spanien Florida vorübergehend an Großbritannien ab.
1817/1818: Erster Seminolenkrieg: Unter General Andrew Jackson gewinnen die USA die Kontrolle über Ost-Florida.
1821: Spanien überlässt Florida den USA.
1835–1858: Zwei weitere Kriege, bei denen sich v.a. die Seminolen der Zwangsumsiedlung widersetzen, besiegeln das Schicksal der Ureinwohner Floridas. 1845 wird Florida 27. Bundesstaat der USA.
1861–1865: Der Bürgerkrieg geht am konföderierten Florida weitgehend vorbei.
1886: Henry M. Flaglers Eisenbahn erreicht St. Augustine und neun Jahre später Miami.
1900: Florida hat 520 000 Einwohner.
ab 1920: Der „Florida Land Boom" genannte Immobilienboom lockt Touristen und Investoren an.
1933: Der Bundesstaat wird zum weltgrößten Produzenten von Zitrusfrüchten.
1947: Gründung des (1979 zum UNESCO-Welterbe erklärten) Everglades National Park.
1950: Erste Raketentests auf Cape Canaveral. 1958 wird die Weltraumbehörde NASA gegründet, 1969 startet Apollo 11 von hier aus zum Mond.
1959: Zehntausende Kubaner flüchten vor Fidel Castros Revolution nach Miami.
1971: Mit der Eröffnung von Walt Disney World in Orlando fällt der Startschuss für Floridas Mega-Themenparks.
1992: Hurrikan „Andrew" verwüstet den Süden Floridas.
2000: Umstrittene Stimmenauszählungen in Florida entscheiden die Präsidentschaftswahl zugunsten von George W. Bush.
2004: Vier Hurrikane innerhalb von nur sechs Wochen verursachen in Florida Schäden in Milliardenhöhe.
2008: Als Folge der US-amerikanischen Finanzkrise bricht Floridas Immobilienmarkt zusammen.
2015: Das Reiseverbot für US-Amerikaner nach Kuba wird gelockert.
2017: Fast 117 Mio. Besucher werden verzeichnet, trotz Hurrikan „Irma", der im September 2017 Schäden in Höhe von 50 Milliarden Dollar anrichtet.
2019: Neuer Besucherrekord wird erwartet.

Gesundheit

Floridas intensive Sonneneinstrahlung erfordert Sonnenbrille und Kopfbedeckung. Darüber hinaus sollten mehrmals täglich Sonnenschutzmittel mit hohem Lichtschutzfaktor aufgetragen werden. Wasserentzug bzw. Dehydrierung und Sonnenbrand sind unerfreuliche Begleiterscheinungen allzu sorglosen Aufenthalts in der Sonne. Wer den ganzen Tag mit Aktivitäten im Freien verbringt, sollte ohnehin ausreichend Trinkwasser mit sich führen. Die Gesundheitsversorgung entspricht mitteleuropäischen Standards. Notaufnahmen (Emergency Rooms, ERs) der Krankenhäuser (hospitals) sind rund um die Uhr besetzt. Ausländer müssen eine Kreditkarte vorlegen. Die Adresse des nächsten Zahnarztes ist tel. unter 1-800-DENTIST zu erfragen. Eine zusätzliche, vor Reiseantritt abgeschlossene Auslandskrankenversicherung ist sinnvoll. Wer Medikamente mit sich führen muss, sollte sich deren medizinische Notwendigkeit zuvor vom Hausarzt bestätigen lassen, um Probleme bei der Einreise zu vermeiden.

Jugendherbergen

Preiswerte, „Hostels" genannte Unterkünfte gibt es in vielen Städten Floridas. Allein hostels.com listet gut 20 schöne Hostels zwischen Key Largo und St. Augustine. Die Übernachtungspreise bewegen sich zwischen 25 $ (Bett im Schlafsaal) und 50 $ (Bett im Doppelzimmer).

Mietwagen

Für die Miete eines Autos sind ein gültiger Führerschein, ein Reisepass und eine Kreditkarte erforderlich. Das Mindestalter ist 21 Jahre. Manche Autovermietungen berechnen einen Aufpreis für Fahrer unter 25 Jahren. Bei größeren Autovermietungen ist es möglich, das Mietfahrzeug an einer Vermietstation abzuholen und bei einer anderen zurückzugeben. Wer einen längeren Roadtrip plant, der sollte „unlimited mileage" (unbegrenzte Kilometer) buchen. Reservierungen sollten schon daheim getätigt werden, da sie die in den USA teurere Schadensversicherung (CDW) enthalten.

Notfall

Zur Kontaktaufnahme mit der Polizei, Ambulanz oder Feuerwehr wird die gebührenfreie Rufnummer 911 gewählt. Bei Notfällen auf Highways oder Landstraßen erreichen Handy-Nutzer die Florida Highway Patrol unter •FHP.

Öffnungszeiten

Die „Shopping Malls" genannten Einkaufszentren sind an Wochentagen und samstags von 10.00 bis 21.00 Uhr geöffnet. Sonntags haben viele große Malls und Kaufhäuser von 12.00 bis 18.00 Uhr geöffnet. Kleinere Geschäfte pflegen montags bis samstags zwischen 9.00 und 10.00 Uhr zu öffnen und zwischen 17.00 und 18.00 Uhr zu schließen.

Restaurants

Preiskategorien

€€€€	Hauptspeisen	ab 40 €
€€€	Hauptspeisen	ab 31 €
€€	Hauptspeisen	ab 22 €
€	Hauptspeisen	unter 22 €

Die Zeiten, da in den USA vorwiegend Steaks und Kartoffelmus auf den Speisekarten standen, sind längst vorbei. Beachten Sie, dass in manchen Restaurants das Abendessen nur bis 21.00 Uhr serviert wird, und stürmen Sie nicht geradewegs zu einem freien Tisch, sondern warten Sie am Eingang, bis Ihnen ein Platz zugewiesen wird. Ist man mit dem Service zufrieden, erhält die Bedienung 15 % des Gesamtbetrages (vor Steuern). Restauranttips finden Sie in diesem Heft auf den jeweiligen Infoseiten.

Sicherheit

Sicherheit ist nach den Meldungen über Floridas „Stand-your-Ground"-Gesetz (das besagt, dass Hausbesitzer einen unbefugten Eindringling töten dürfen) ein Thema in den Medien. Wer jedoch auf den gesunden Menschenverstand hört, wird sich im Sunshine State nicht weniger sicher fühlen als daheim. Dazu gehört, den Mietwagen stets abzuschließen und Wertsachen nicht sichbar auf den Sitzen zurückzulassen, sondern im Kofferraum zu verstauen. Unterwegs sollte man stets versuchen, unter Straßenlampen zu parken. Ähnliches gilt für das Hotel: Wertsachen und Reisedokumente nicht offen im Hotelzimmer zurücklassen, sondern im Hotelsafe aufbewahren. Nie größere Bargeldbeträge mit sich führen.
An den Stränden weist ein farbenfrohes Flaggensystem auf die jeweiligen Badebedingungen hin. Blau und Grün entwarnen: Das Meer ist ruhig, das Schwimmen sicher. Gelb weist auf leichte Unterströmung und andere, noch relativ leichte Gefahren hin. Rot warnt vor gefährlichen Bedingungen, eine doppelte rote Flagge zeigt an, dass der Strand gesperrt ist. Lila signalisiert Meeresplagen wie Quallen, Stachelrochen oder Haie. Ist weit und breit keine Beflaggung erkennbar, bedeutet dies nicht automatisch, dass das Meer sicher ist. In diesem Fall sollte man sich sicherheitshalber bei der Strandwache informieren.

Souvenirs

Coole Beachwear mit flotten Sprüchen auf T-Shirts und Sweat Pants, bequeme Freizeitkleidung im farbenfrohen, indianische und lateinamerikanische Muster präsentierenden „ethnic style" sowie witzige Accessoires an Sandalen, Crocs und Handtäschchen: Wer will, wird in Floridas Küstenstädten leicht fündig. Flohmärkte und sogenannte Yard Sales, bei denen Privatleute verkaufen, was sie im Keller und auf dem Dachboden gefunden haben, gibt es immer und überall. Man braucht nur den Schildern zu folgen.
Für Kunst und Antiquitäten sind Floridas Galerien zuständig. Floridas Kunsthandwerk beschäftigt sich meist mit allem, was mit Strand und Tropen zu tun hat. „Shell Art", zu Dekoartikeln verarbeitete Muscheln, ist besonders beliebt. Beliebte Mitbringsel sind auch Disney-Kuscheltiere und der prächtige Art-dèco-Bildband aus South Beach.

Strom

Stromanschlüsse sind auf Wechselstrom mit 110–120 Volt/60 Hz standardisiert. Für kleinere Geräte aus Europa, die eine 220/240 Volt-Stromversorgung benötigen, müssen Spannungskonverter und Steckeradapter mit zwei flachen, parallelen Polen mitgeführt werden.

Telefonieren

Telefonieren ist in den USA einfach und relativ preiswert. Bei Anrufen innerhalb der USA und nach Kanada muss man zunächst die 1 wählen, dann die Ortsvorwahl, dann den siebenstelligen Anschluss. Bei Auslandsgesprächen wird die 011 vorgewählt, dann die Landesvorwahl (Deutschland 49, Österreich 43, Schweiz 41), dann die Ortsvorwahl ohne 0 und anschließend die gewünschte Rufnummer.

Info

Reisedaten

Flug ab Deutschland: z.B. Frankfurt–Miami ab 750 Euro
Reisepapiere: Der rote, maschinenlesbare Europa-Reisepass und die elektronische Reisegenehmigung (ESTA). Kinder benötigen einen Kinderreisepass.
Devisen: US-Dollar ($)
Mietwagen: ab 50 US-Dollar/Tag (unbegrenzte Kilometer)
Benzin: 0,60 Cent
Hotel: Luxuskategorie (€€€€) ab 250 Euro, €€€ ab 190 Euro, €€ ab 130 Euro, € unter 130 Euro
Menü: Tagesmenü ab 25 Euro, einfaches Essen ab 12 Euro
Ortszeit: MEZ minus 6 Std.

Gebührenfreie Rufnummern innerhalb Floridas und der USA haben die Vorwahlen 800, 888, 866 und 877. Telefonieren vom Hotelzimmer ist oft unverhältnismäßig teuer, da hier diverse Gebühren und Steuern aufgeschlagen werden. Es empfiehlt sich daher ein R-Gespräch. Dazu meldet man bei der Vermittluung einen „collect call" an. Geht der Anruf ins Ausland, bittet man um die internationale Vermittlung.
Die Telefonauskunft in den USA erreicht man unter 411. Handy-Nutzer fahren mit einer vor Ort gekauften SIM-Karte am besten. Sie pflegen bei diesen US-Mobilfunk-Netzbetreibern zu funktionieren: AT&T, Verizon, Sprint/Nextel und T-Mobile. Problemlose Kommunikation ermöglicht auch die VoIP-Technologie mit Anbietern wie Skype oder Jajah.

Noble Herberge mit schöner Pool-Anlage: das Hyatt Regency Orlando.

SERVICE

Unterkunft

Preiskategorien

€ € € €	Doppelzimmer	über 250 €
€ € €	Doppelzimmer	ab 190 €
€ €	Doppelzimmer	ab 130 €
€	Doppelzimmer	unter 130 €

Die Webseiten der lokalen und regionalen Fremdenverkehrsämter listen alle Unterkünfte in ihrem Bereich auf. Viele Fremdenverkehrsämter helfen auch telefonisch oder persönlich vor Ort bei der Suche nach einer geeigneten Herberge, und sie nehmen ebenso die Reservierung vor. An Wochenenden und während der Hochsaison ist besonders in Tourismuszentren eine rechtzeitige Buchung unumgänglich. Tipps für die Unterkunft finden Sie auf den jeweiligen Infoseiten.

Zeit

Florida liegt zum größten Teil in der Eastern Standard Time-Zeitzone (EST, Ostküstenzeit) und damit sechs Stunden hinter der mitteleuropäischen Zeit (MEZ). Die Ausnahme stellt der nordwestliche Teil Floridas (etwas östlich von Panama City bis Pensacola) dar. Dieser Teil befindet sich in der Central Standard-Zeitzone (CST = UTC –6 oder MEZ –7). Die Sommerzeit gilt vom zweiten Sonntag im März bis zum ersten Sonntag im November. Während dieser Zeit werden die Uhren eine Stunde zurückgestellt, um das vorhandene Tageslicht optimal nutzen zu können.

Zollbestimmungen

Einreisende Besucher über 21 Jahre dürfen einen Liter Alkohol, Geschenke bis zu einem Wert von US-$100 und 200 Zigaretten, 100 Zigarren oder 1,4 kg Tabak zollfrei einführen. Lebensmittel müssen bei der Einreise angemeldet werden. Bestimmte Produkte unterliegen Einführungsbeschränkungen. Nähere Informationen zu den aktuellen Regeln findet man auf der Homepage der U.S. Zollbehörde und des Grenzschutzes (U.S. Customs and Border Protection, www.cbp.gov).
Für mitgeführtes Bargeld besteht keine Obergrenze, doch wer mehr als 10 000 US$ in bar oder als Reiseschecks mit sich führt, muss diesen Betrag anmelden. Achtung: Eine Nichtmeldung kann zur Konfiszierung dieses Geldes führen! Kreditkarten müssen in den USA nicht gemeldet werden.

Info

Wetterdaten
Miami

	TAGES-TEMP. MAX.	TAGES-TEMP. MIN.	WASSER-TEMP.	TAGE MIT NIEDER-SCHLAG	SONNEN-STUNDEN PRO TAG
Januar	24°	15°	22°	5	7
Februar	25°	16°	22°	5	8
März	26°	18°	23°	5	9
April	28°	20°	25°	5	10
Mai	30°	22°	28°	9	10
Juni	31°	24°	30°	14	10
Juli	32°	25°	31°	13	10
August	32°	25°	31°	15	9
September	31°	24°	30°	14	9
Oktober	29°	22°	28°	11	8
November	27°	19°	25°	7	7
Dezember	25°	16°	23°	5	7

Abendlicher Strandläufer am Fort Island Gulf Beach im Crystal River National Wildlife Refuge.

Register

Fette Ziffern verweisen auf Abbildungen

A
Animal Kingdom **66/67**, 77
Anna Maria Island 55
Apalachicola (Stadt) 107
Apalachicola Bay 22
Apalachicola National Forest **104**, **105**, 107, **116**
Aquatica 78

B
Bahama Village **37**
Bahia Honda Key 34, **37**
Bahia Honda State Park **23**, **42**
Blue Spring State Park 113
Boca Raton 87, **89**, 97

C
Cabbage Key 62
Cape Canaveral **72**, 73, 79, 118
Captiva 47, **50/51**, 62
Cedar Key 99, 101, 105, 110
Clearwater **46**, 47, **61**, 103
Clearwater Beach **23**, **47**, 61
Crystal River 110
Crystal River National Wildlife Refuge 111, **112**, **120**

D
Destin **106**, 113
Discovery Cove 78, 79
Disney, Walt 67, **71**, 77
Disney's Hollywood Studios 77
Disney's Water Parks 77
Dry Tortugas National Park **42**

E
Edison, Thomas Alva 49, **62**
Emerald Coast 101, **106**, 107, 113
Epcot 77
Everglades **4**, **7**, **17**/**17**, **54**, **55**, **56–59**, 61, 63, 118

F
Faber, Eberhard 103
Flagler, Henry Morrison 83, **84**, **85**, 90, 95, 118
Florida Caverns State Park 112
Florida East Coast Railway 82, 85
Florida Keys 23, 25, **34**, 38, 42, 73, **79**, 117
Ford, Henry 49, 62
Forever Florida **73**, **78**, 79
Fort de Soto Park **44/45**, 47, 61
Fort Lauderdale **80/81**, 83, 85, 88, **89**, 96, 97
Fort Myers **62**, 116

G
Gainesville 111, 113, 114
Gatorland 69, **74**, 79
Gold Coast 80, 83, 85, 89

Golf von Mexiko 23, **46**, **47**, 55, 61, 63, 101, 105, **106**, **112**, 117
Greater Orlando Area 79
Gulfport 55, 61, 62

H/I
Hemingway, Ernest 18, 20, **36**, 38, 43
Ichetucknee Springs State Park 113
Isla Morada **34**, 37
Islands of Adventure 69, **78**

J/K
Jamestown (Virginia) 105, 107
Jewish Museum of Florida (Orlando) 115
J. N. „Ding" Darling National Wildlife Refuge **10/11**, 51, 52, 62
Kennedy-Bunker **95**
Kennedy Space Center 65, **72**, 73, 77, 79
Key Biscane 27
Key Largo **34**, 37, 118
Key West **18/19**, **20/21**, 35, 36, **37**, **38**, **39**, **42**, **43**, 85

L/M
Lake Worth 85, **86**, 90, **96**, 97
Magic Kingdom **66**, **67**, 72, 77, 78
Manatees 51, 56, 62, 78, 111, 112, 113
Matlacha 55, 62
Miami **8/8**, **14/15**, 17, 22, **24–33**, **41–43**, 83, 85, 90, 101, 107, 108, 114, 115, 116, 117, **118**, 119
Micanopy 101, **111**, 114
Mizner, Addison Cairns (Mizner Style) 89, 92, 96
Myakka River State Park 62

N
Naples 17, 23, 47, **52**, **52/53**, 63, 116
NASA 72, **79**, 118
National Museum of Naval Aviation (Pensacola) 115

O/P
Orlando **64–71**, 74, **77–79**, **118**, 119
Palm Beach **80–87**, 89, **90–93**, **95–97**
Panama City Beach **106**, **112**, 113
Pensacola 101, 107, 115, 120
Pine Island 55, 62
Port Everglades **89**

R
Ringling 49, **50**, **51**, 62
Road to Nowhere 103, 105

S
Sanibel **10/11**, 47, 51, 62
Sarasota/Sarasota Bay 22, 62, 47, 49
Seaworld Orlando **68/69**, 78
Sinkholes (Erdsenkungen) **108/109**
South Beach (Miami) 22, **24/25**, 29, **30**, **31**, 32, 35, 41, 42, 43, 85, 86, 101, **118**, 119

St. Augustine 83, 85, **98/99**, **100**, **101**, **102**, **102/103**, **103**, **105**, 107, 111, 118
St. Petersburg **46**, 47, 49, 51, **61**, 62

T
Tallahassee **102**, **104**, 107, 110, **112**, 116, 117
Tamiami Trail **16/17**, 63
Tampa/Tampa Bay Area 23, **44/45**, 47, **48**, **48/49**, 49, 55, **61**, 62, 74, **79**, 100, 108, **117**
The Wizarding World of Harry Potter 69, **78**
Typhoon Lagoon **77**

U/W
Universal Orlando Resort 78
Universal Studios Florida 78
Wakulla Springs **104**, 112
Walt Disney World **66/67**, 69, 75, 77, 78, 108, 118
Weeki Wachee Springs State Park 79
West Palm Beach **82**, **83**, **95**, **96**, 97
Whitehall 84, 95
Winter Park 72, 78, 109
World Erotic Art Museum (Miami) 114, **115**

Y
Ybor City (Tampa) **48**, **61**, 117

Impressum

3. Auflage 2019
© DuMont Reiseverlag, Ostfildern

Verlag: DuMont Reiseverlag, Postfach 3151, 73751 Ostfildern, Tel. 07 11/45 02-0, Fax 07 11/45 02-135, www.dumontreise.de
Geschäftsführer: Dr. Thomas Brinkmann, Dr. Stephanie Mair-Huydts
Programmleitung: Birgit Borowski
Redaktion: Achim Bourmer
Text: Ole Helmhausen
Exklusiv-Fotografie: Jörg Modrow
Titelbild: Jörg Modrow/laif (Miami Beach)
Zusätzliches Bildmaterial: S. 8/9 huber-images.de/Kremer Susanne, 22 l. getty-images/Johnny Louis, 22 r. Corey Nolen/Aurora/laif, 23 o. gettyimages/Pablo Pola Damont, 23 u.l. Peter Dennen/Auroralaif, 23 u.r. huber-images.de/Kremer Susanne, 39 r. gettyimages/David Sacks, 57 gettyimages/Jupiterimages, 58 u. gettyimages/Steven Blandin, 61 o. huber-images.de/Kremer Susanne, 61 u.l. Jörg Modrow/laif, 71 u. (Special) Corbis/Edward Steichen, 74 r. mauritius images/Images-USA/Alamy, 75 l.o. mauritius images/Robert Hoetink/Alamy , 75 r. gettyimages/Joe Raedle, 85 u. (Special) Bettmann/CORBIS, 89 u. (Special) mauritius images/Alamy, 97 u. gettyimages/Jonathan Gelber, 108 Corbis/Kelly Smy/Demotix, 109 o. Corbis/PHILIP SEARS/Reuters, 109 u. Corbis/SCOTT AUDETTE/Reuters, 113 o. Corbis/Mark Conlin/SuperStock, 113 u. Corbis/Brian Gordon Green/National Geographic Society, 114 mauritius images/Jeff Greenberg 6 of 6/Alamy, 115 o.l. mauritius images/Jeff Greenberg 6 of 6/Alamy, 115 o.r. mauritius images/Ron Buskirk/Alamy, 115 u.l. mauritius images/Don Smetzer/Alamy, 115 u.r. gettyimages, 117 huber-images.de/Kremer Susanne, 118 l. Hendrik Holler/Lookphotos
Vektorgrafiken: iStockphoto (S. 5 + 63, 97), shutterstock (S. 43, 114)
Grafische Konzeption, Art Direktion, Layout: fpm factor product münchen
Cover Gestaltung: Neue Gestaltung, Berlin
Kartografie: © MAIRDUMONT GmbH & Co. KG, Ostfildern
Kartografie Lawall (Karten für „Unsere Favoriten")
DuMont Bildarchiv: Marco-Polo-Straße 1, 73760 Ostfildern, Tel. 0711 4502-266, Fax 0711/4502-1006, bildarchiv@mairdumont.com

Für die Richtigkeit der in diesem DuMont Bildatlas angegebenen Daten – Adressen, Öffnungszeiten, Telefonnummern usw. – kann der Verlag keine Garantie übernehmen. Nachdruck, auch auszugsweise, nur mit vorheriger Genehmigung des Verlages. Erscheinungsweise: monatlich.

Anzeigenvermarktung: MAIRDUMONT MEDIA, Tel. 0711 450 20, Fax 0711 45 02 10 12, media@mairdumont.com, http://media.mairdumont.com
Vertrieb Zeitschriftenhandel: PARTNER Medienservices GmbH, Postfach 810420, 70521 Stuttgart, Tel. 0711 72 52-212, Fax 0711 72 52-320
Vertrieb Abonnement: Leserservice DuMont Bildatlas, Zenit Pressevertrieb GmbH, Postfach 810640, 70523 Stuttgart, Tel. 0711 7252-265, Fax 0711 7252-333, dumontreise@zenit-presse.de
Vertrieb Buchhandel und Einzelhefte: MAIRDUMONT GmbH & Co. KG, Marco-Polo-Straße 1, 73760 Ostfildern, Tel. 0711 45 02 0, Fax 0711 45 02 340
Reproduktionen: PPP Pre Print Partner GmbH & Co. KG, Köln
Druck und buchbinderische Verarbeitung: NEEF + STUMME premium printing GmbH & Co. KG, Wittingen, Printed in Germany

Eine von Berlins Vorzeigeansichten, der Blick auf Bode-Museum und Fernsehturm im Hintergrund.

Nicht nur wegen der tollen Lage am Meer und des imposanten Opernhauses: Sydney ist eine der schönsten Städte der Welt.

Australien
Osten · Sydney

Faszination Down Under
An der Ostküste zeigt sich Australien in seiner ganzen Vielfalt: die Skala reicht vom tropischen Norden, über einsame Sandstrände bis zu den Weiten des Outback – ja, und dann ist da noch die Millionenmetropole Sydney.

Kleine Inselparadiese
Rund 700 Eilande ragen aus dem Great Barrier Reef auf, nur zwei Dutzend sind touristisch erschlossen, und die zehn schönsten Inselresorts stellen wir vor.

Wanderglück ist garantiert
Die beste Art sich dem Uluru, dem Ayers Rock, zu nähern, ist zu Fuß, folgen Sie unseren Wandervorschlägen!

Berlin

Große Kunst
Erwartet Sie in den Berliner Museen, nicht nur in jenen fünf, die auf der Museumsinsel liegen und von der UNESCO zum Welterbe gekürt wurden.

Die Hauptstadt anders erleben
Wie wäre es mit einer Riksha-Tour durch das historische Berlin, mit einer Rundfahrt im Trabi oder mit einer Führung durch die Unterwelt?

Das hippe Berlin
Prenzlauer Berg, Kreuzberg, Friedrichshain und Neukölln, hier trifft sich heute die Szene! Wir verraten Ihnen, welche Clubs und Bars gerade angesagt sind.

www.dumontreise.de

Lieferbare Ausgaben

DEUTSCHLAND
207 Allgäu
092 Altmühltal
105 Bayerischer Wald
180 Berlin
162 Bodensee
175 Chiemgau, Berchtesgadener Land
013 Dresden, Sächsische Schweiz
152 Eifel, Aachen
157 Elbe und Weser, Bremen
168 Franken
020 Frankfurt, Rhein-Main
112 Freiburg, Basel, Colmar
028 Hamburg
026 Hannover zwischen Harz und Heide
042 Harz
023 Leipzig, Halle, Magdeburg
210 Lüneburger Heide, Wendland
188 Mecklenburgische Seen
038 Mecklenburg-Vorpommern
033 Mosel
190 München
047 Münsterland
015 Nordseeküste Schleswig-Holstein
006 Oberbayern
161 Odenwald, Heidelberg
035 Osnabrücker Land, Emsland
002 Ostfriesland, Oldenburger Land
164 Ostseeküste Mecklenburg-Vorpommern
154 Ostseeküste Schleswig-Holstein
201 Pfalz
040 Rhein zw. Köln und Mainz
185 Rhön
186 Rügen, Usedom, Hiddensee
206 Ruhrgebiet
149 Saarland
182 Sachsen
081 Sachsen-Anhalt
117 Sauerland, Siegerland
159 Schwarzwald Norden
045 Schwarzwald Süden
018 Spreewald, Lausitz
008 Stuttgart, Schwäbische Alb
141 Sylt, Amrum, Föhr
204 Teutoburger Wald
170 Thüringen
037 Weserbergland
173 Wiesbaden, Rheingau

BENELUX
156 Amsterdam
011 Flandern, Brüssel
179 Niederlande

FRANKREICH
177 Bretagne
021 Côte d'Azur
032 Elsass
009 Frankreich Süden Okzitanien
019 Korsika
071 Normandie
001 Paris
198 Provence

GROSSBRITANNIEN/IRLAND
187 Irland
202 London
189 Schottland
030 Südengland

ITALIEN/MALTA/KROATIEN
181 Apulien, Kalabrien
211 Gardasee, Trentino
110 Golf von Neapel, Kampanien
163 Istrien, Kvarner Bucht
128 Italien, Norden
005 Kroatische Adriaküste
167 Malta
155 Oberitalienische Seen
158 Piemont, Turin
014 Rom
165 Sardinien
003 Sizilien
203 Südtirol
039 Toskana
091 Venedig, Venetien

GRIECHENLAND/ZYPERN/TÜRKEI
034 Istanbul
016 Kreta
176 Türkische Südküste, Antalya
148 Zypern

MITTEL- UND OSTEUROPA
104 Baltikum
208 Danzig, Ostsee, Masuren
169 Krakau, Breslau, Polen Süden
044 Prag
193 St. Petersburg

ÖSTERREICH/SCHWEIZ
192 Kärnten
004 Salzburger Land
196 Schweiz
144 Tirol
197 Wien

SPANIEN/PORTUGAL
043 Algarve
093 Andalusien
150 Barcelona
025 Gran Canaria, Fuerteventura, Lanzarote
172 Kanarische Inseln
199 Lissabon
209 Madeira
174 Mallorca
007 Spanien Norden, Jakobsweg
118 Teneriffa, La Palma, La Gomera, El Hierro

SKANDINAVIEN/NORDEUROPA
166 Dänemark
153 Hurtigruten
029 Island
200 Norwegen Norden
178 Norwegen Süden
151 Schweden Süden, Stockholm

LÄNDERÜBERGREIFENDE BÄNDE
123 Donau – Von der Quelle bis zur Mündung
112 Freiburg, Basel, Colmar

AUSSEREUROPÄISCHE ZIELE
183 Australien Osten, Sydney
109 Australien Süden, Westen
195 Costa Rica
024 Dubai, Abu Dhabi, VAE
160 Florida
036 Indien
205 Iran
027 Israel, Palästina
111 Kalifornien
031 Kanada Osten
191 Kanada Westen
171 Kuba
022 Namibia
194 Neuseeland
041 New York
184 Sri Lanka
048 Südafrika
012 Thailand
046 Vietnam